내면의 평화를 위한

화해와 용서

내면의 평화를 위한 화해와 용서

초판 1쇄 발행 2023년 6월 2일

지은이 임정희, 남궁청완, 이계선, 정창교, 임광숙, 김남선, 조순규, 이우자, 서민경, 한숙희
펴낸이 장길수
펴낸곳 지식과감성#
출판등록 제2012-000081호

교정 정은솔
디자인 정윤솔
편집 정윤솔
검수 김지원, 이현
마케팅 정연우

주소 서울시 금천구 벚꽃로298 대륭포스트타워6차 1212호
전화 070-4651-3730~4
팩스 070-4325-7006
이메일 ksbookup@naver.com
홈페이지 www.knsbookup.com

ISBN 979-11-392-1123-8(03810)
값 14,000원

- 이 책의 판권은 지은이에게 있습니다.
- 이 책 내용의 전부 또는 일부를 재사용하려면 반드시 지은이의 서면 동의를 받아야 합니다.
- 잘못된 책은 구입하신 곳에서 바꾸어 드립니다.

지식과감성#
홈페이지 바로가기

내면의 평화를 위한 화해와 용서

임정희, 남궁청완, 이계선, 정창교, 임광숙,
김남선, 조순규, 이우자, 서민경, 한숙희 지음

> "화해와 용서, 그리고 이해만이
> 우리에게 치유의 문을 열어 준다."

지심감정#

목차

출간에 부쳐	6
모두 사랑 때문이었습니다 / 임정희	8
참사랑을 깨닫게 해 준 "화해와 용서" / 남궁청완	36
내려놓음에서 꽃피는 행복 / 이계선	58
"화해와 용서"를 통한 오늘의 내 모습 / 정창교	82
발달단계로 본 상처! 그리고 나 / 임광숙	108
내면의 평화를 지켜 주는 마음가짐 레시피 / 김남선	128
화를 다스리기 위해서 전제되어야 할 것은 나에 대한 "화해와 용서"다 / 조순규	148
인생 다락방 / 이우자	168
세상의 작은 별들을 위한 평화와 화해 / 서민경	194
행복으로 가는 길, "화해와 용서" / 한숙희	218

출간에 부쳐

*"용서가 어렵다는 사실만으로도
우리가 그것을 해야 하는 충분한 이유가 될 것이다."
- 릴케*

   세상을 먼저 살아 본 스승들은 "용서하라. 그래야만 행복해진다. 만일 나를 고통스럽게 만든 사람에게 나쁜 감정을 키워 나간다면 단지 나 자신의 마음의 평화만 깨질 뿐. 그러나 내가 상대를 용서한다면 내 마음은 평온을 되찾을 것이다."라고 하지 않던가.

   "화해와 용서"라는 단어가 늘 마음 한 편에 머문다면 당신은 다른 사람보다 낮거나 초라해서가 아니라, 가슴속 깊은 곳으로부터 아름다움과 고귀하고 따뜻한 생명력을 가지고 있기 때문이라고 필자는 생각한다.

   앞으로 남은 모든 순간이 찬란하기를, 그 어떤 어둠에서도 빛나기를 원하고, 행복하고 싶다면 화해하고 용서하고 용서 받으라고 말하고 싶다.

   필자는 인생을 사계로 표현하고 싶다.
봄, 여름, 가을, 겨울….

봄은 환희가 있고, 여름은 열정이 있고, 가을은 결실이 있고, 겨울은 인생의 노년으로 종말을 느끼게 한다.

이 책을 집어 든 독자들이여, 물론 쉽지는 않겠지만 용기 내어 화해와 용서함으로 다시 인생의 봄을 맞게 되어 자신의 삶을 사랑하게 되리라 믿는다.

이번 공동 집필에 함께하신 저자님들은 대학교수, 상담사, 목사님, 사회복지기관 종사자, 사회적 기업 대표, 강사, 사업가, 직장인으로 왕성한 활동을 하시는 10분의 화해와 용서에 대한 진솔한 이야기가 담겨 있다.

이 책의 출판을 위해 함께해 주신 9명의 저자님과 남다른 관심으로 수고하신 지식과 감성#의 모든 분께 큰 감사를 드린다.

대표 저자 임정희 박사 외 9명 dream

모두 사랑 때문이었습니다

임정희

이메일: lih9922@naver.com
블로그: https://blog.naver.com/lih9922

학력
· 사회복지 석사
· 상담심리치료 박사(PHD)

경력
· 現) 인천동구 노인인력개발센터장/한국인성교육실천 협회장, 한국전문상담학회 전임 교수 및 임상감독/[휴먼스쿨]심청이 마음학교 ZOOM 아카데미 교장/한국 사이버대학교 특임교수/여기스터디평생교육원 교수/네이버 엑스퍼트 부부상담, 내면 아이 치유 상담가/에니어그램 전문가/생애 설계, 전직 지원 전문 상담가/인문학, 자살예방, 생명존중, 웰다잉 전도사/공공기관 NCS 블라인드 전문 면접관, 인사위원/한국미술협회 회원/인천역시 초대작가
· 前) 5대 인천동구의회 의원/어린이집 원장/임정희 심리상담센터장/동그라미 요양보호사교육원 원장/한국방송통신대학교·성결대·신한대·부산과기대·경인여대 강사 역임

자격
· 사회복지사/평생교육사/청소년지도사/생활스포츠지도사/보육교사/직업능력개발 훈련교사 4종(사회복지, 청소년지도, 보육, 평생직업교육)/심리상담사/진로상담사/커리어 컨설턴트/창직 컨설턴트 등 국가 및 민간자격 65종

학위논문
· 박사:《중년 남성의 은퇴 이후 심리경험과 사회적응 과정에 관한 현상학 연구 – 현실치료 적용》

출간

· 《재취업전직지원서비스 효과적 모델》
· 《신중년 도전과 열정》
· 《언택트 시대를 주도하는 나는야, 6학년 핑크 펭귄》
· 《무심에서 감성으로1 일상이 시가 되다》
· 《무심에서 감성으로2 마음에 핀 꽃》
· 《무심에서 감성으로3 꽃보다 감성》
· 《나를 알고 너를 담는다(13인의 에니어그램 실용서)》
· 《테라피 총서 나를 살린 자기사랑 테라피1 춤 테라피》
· 《테라피 총서 나를 살린 자기사랑 테라피2 사진 테라피》
· 《모두가 사랑입니다》 개인시집
· 《지구별 소풍과 천상》 웰다잉 총서
· 《내면의 평화를 위한 화해와 용서》

발표

· 개인전(서양화) 5회, 모노드라마 1회

"누구나 한 번쯤은 사랑에 울고, 누구나 한 번쯤은 사랑에 웃고, 그것이 바로 사랑, 사랑, 사랑이야."

가수 김현식의 사랑, 사랑, 사랑이라는 노래의 한 구절이다. 사람은 누구나 사랑받고 사랑하고 싶어 한다. 그러나 의외로 어릴 때 사랑받지 못한 채 성장하면서 이상심리로 미움과 증오가 쌓여 서로 남보다 못한 관계로 전락하거나 원수가 되어 "화해, 용서"하지 못하고 평생 가슴앓이하고 대물림하면서 살아간다.

필자는 심리상담학 박사이자 임상 감독, 통합예술치료사로 개인 상담센터와 네이버 엑스퍼트 부부 상담, 내면 아이 상담가로 활동한 경력을 갖고 있다. 상담 중 많은 사람이 상처로 인해 눈물로 얼룩진 멍에를 안고 살아가면서 골진 주변과 화해하지 못하다 상대를 천상으로 떠나보내고 나서 화해, 용서하고 용서받지 못함을 후회하는 사람을 많이 보았다.

필자가 제목을 "모두 사랑 때문이었습니다"로 정한 이유는 사랑은 사람이 세상을 살아가는 필수 에너지인데 결핍으로 인한 상처가 가슴에 깊게 응어리로 남아 성인이 된 후에도 별것 아닌 일에 두려움, 수치심, 분노심 같은 감정이 남아, 눈에는 드러나지 않고 남들이 보거나 이해할 순 없지만, 자신에겐 심각한 영향을 주는 스몰 트라우마로 남기 때문이다. 스몰 트라우마는 정서적 부분에서 모두 사랑 때문에 기인한다.

인간은 모성애나 부성애만이 줄 수 있는 보호와 안도감을 누려야 하는데 여러 이유 등으로 사랑받지 못한 사람은 세월이 흐른 뒤 행동이나 이해 방식에서 티가 난다. 모성애나 부성애는 대인관계에서의 보편성, 평화로움, 형제애를 대표하는 인간의 본능에 기반을 두기 때문에 부모로부터 사랑받지 못한 사람은 가족이나 타인에 대한 공감 능력이 떨어져 성장 후, 결혼 후에도 자신의 배우자나 자녀에게 사랑을 잘 베풀지 못하며 고통에 냉담하고 무관심하여 자기감정을 표현하는 데 어려움을 겪으며 무신경한 성향이 강하다.

1. 상처로 마음 감옥에 갇히게 된 사람들

　부모가 자신을 지속적으로 과소평가하고, 형제나 타인과 비교하면서 "사람구실 하겠느냐!"라는 말을 듣고 자란 사례, 딸이라는 이유로 아들과 차별받고 자란 사례, 지독한 가난을 경험하고 자란 사례, 알코올, 도박 등에 빠져 가족을 돌보지 않고 폭력적인 역기능 가정에서 자란 사례, 부모에게 정서적, 언어적, 신체적, 성적, 정서적 학대를 받고 자란 사례를 경험한 사람은 고통스럽고 수치스러운 트라우마가 무의식에 저장되어, 성인이 되어도 부모에게 받은 상처로 가슴에 대못이 박힌 채 살아간다.

　그간 필자가 상담 중 알 수 있었던 것은 충분한 사랑과 관심을 받지 못하거나 억압과 폭력을 경험하고 자란 사람은 파괴적 기분부전장애, ADHD, 학습장애, 학교 공포증, 불안장애, 품행장애와 우울증, 학교폭력과 집단 따돌림 등의 피해자나 가해자로 이상심리와 행동을 한다. 여린 심성을 가진 내담자는 평소 누군가에게 피해를 주면 "어떡하지? 나 때문인가? 내가 사람들 발목을 잡으면 어떡하지? 모든 게 내 탓이야!"라고 자책하며, "나 같은 게 살아서 뭐 해!"라며 자해, 자살 충동과, 우울증을 갖게 되고 유년기 이후에도 지속적으로 그 영향이 가정과 사회생활에 막대한 지장을 초래한다.

"자신감은 위대한 과업의 첫째 요건이다."
- 사무엘 존슨

　필자가 상담실에서 만난 애착과 사랑을 경험하지 못한 내담자의 특징 중 하나는 과거 부정적 경험으로 매사 자신감이 결여되어 위축된 나날을 살고 있다는 것이다. 자신감은 사람이 미래를 살아가는 원동력이다. 낮은 자신감에 영향을 주는 원인은 유전자, 문화적 배경(가정적, 사회적, 국가적, 세계적)과 유년기 경험 및 생활환경이 요인이 되어 복합적이며 사람마다 다르게 상호 작용한다.

　한 연구에 의하면 자신감을 올리는 유전적 형성은 화학물질에 어느 정도 영향을 주어 세로토닌(행복과 관련된 신경전달물질)과 옥시토신(안정감 유발)이 어떠한 유전자 변형 때문에 제한받을 수 있으며 자신감과 연관된 인격 성향에서 25~50%의 특정 영역이 유전된다고 한다. 연구 결과에서 말하듯, 역기능 가정에서 자란 많은 내담자의 경험은 본인에 대해 확신을 할 수 없게 되고 무가치한 느낌을 유발하게 하며 세대 전승이라는 무서운 결과를 초래한다.

2. Forgive(용서)와 Forget(잊어버리다)

> *"우리는 모두 약점과 오류투성이므로*
> *우리의 못난 점들을 서로 용서하자.*
> *이것이 자연의 제1법칙이다."*
> *- 볼테르*

    성경 사전에 **용서의 사전적 의미는** "지은 죄나 잘못한 일에 대하여 꾸짖거나 벌하지 아니하고 덮어 줌"이라고 명시되어 있다. 어느 목사님 말씀에 '용서'는 한자어로, '용서'와 깊은 연관이 있는 단어는 순수 우리말인 '잊어'라는 단어가 있다고 말씀하셨다. 'forgive'의 어원을 살펴보면 "for-(completely) + giefan(give)"으로 그대로 풀이하면 용서는 '완전히 준다.'라는 뜻이라고 한다. 'Forget'의 어원은 "for-(away) + gietan(get)"로 분석되어 가지려는 마음을 멀리한다는 뜻으로 우리말의 '잊어버리다'와 상통하며 혹자는 Forget을 두고 '뭔가를 Get하려면 나머지는 잊어야 한다.'라고 풀이하셨다. 용서와 용서의 방편으로서의 잊음은 우리가 지금껏 생각한 바와는 그 의미가 달라 완전히 다 주거나, 가지려는 마음을 멀리 보내 버리는 것이라는 말씀에 깊은 성찰과 함께 용서란 상대방의 태도나 의도와는 전혀 상관없이 이행해야 할 전적인 나의 몫임을 깨닫게 되었다.

틱낫한 스님의 《행자》라는 소설에 언급된 구절 중 "잘못을 내 마음 속에서 비워 내는 것, 즉 잊어버리는 것 혹은 잊어 주는 것이야말로 가장 큰 이해이고 용서이자 참된 사랑이다."라는 말씀과 맥을 같이한다고 필자는 생각한다.

필자가 강의 중 교육생들에게 "자신이 생각하는 용서란?" 질문을 한 적이 있다. 질문에 다수의 사람들은 용서에 대해 잘 알고 계셨다. 몇 분의 말을 소개하면, "나의 무거운 짐을 내려놓는 것" "마음 정돈" "지옥에서 벗어나는 길" "무엇보다 큰 용기" "나를 자유롭게 하는 것" "나를 살리는 묘약" "나를 사랑하고 남을 위하는 길" "다시 사랑할 수 있는 힘을 주는 것" "마음에 부정적인 생각을 내보내는 것" "다시 나에게 용기라는 힘을 주는 것"이라는 답변을 주셨다.

즉 용서는 수학적, 과학적 논리나 공식이 아닌 달라이 라마의 명언처럼 "용서하라. 그래야만 행복해진다. 만일 나를 고통스럽게 만든 사람에게 나쁜 감정을 키워 나간다면 단지 나 자신의 마음의 평화만 깨질 뿐이다. 하지만 만일 내가 그를 용서한다면 내 마음은 평온을 되찾을 것이다."라는 말의 의미를 이미 이해하고 계셨다.

> *"좋은 부모는 자기가 물려받은 카르마를*
> *자녀에게 물려주지 않는다."*
> *- 칼 융*

미숙한 부모들은 자신도 인지하지 못한 채 자신의 감정을 드러내며 자녀들에게 상처를 주는 경우가 많고 그런 환경에서 자란 자녀는 나를 낳아 준 부모지만 부모가 용서되지 않는다며 어린 시절 상처가 평생 자신을 따라다니고 있다는 내담자가 의외로 많다.

멍든 가슴을 안고 살아온 사람들은 자신이 겪은 사연은 '책 한 권으로도 모자라다.'라고 하신다. 오죽하면 자신을 낳아 준 부모를 용서하기 힘들다고 하겠는가? 토닥토닥… 지면을 통해 언급하기에는 조심스러운 부분과 작가별 지면 할당량이 있어 사례는 언급하지 않지만 가정의 악습을 막아 대물림되지 않기를 바라는 마음에서 상담사로서 몇 가지 제언을 하고자 한다.

> "눈 덮인 들판을 걸어갈 때 이리저리 함부로 걷지 마라.
> 오늘 내가 걸어간 발자국은 뒷사람의 이정표가 되리니."
> - 서산대사의 선시 '답설야(踏雪野)'

첫째, 본을 보여라. 본보기가 가장 좋은 교육이다. 교육이란 끝없이 지속되는 희생의 과정이다. 아프리카의 성자 슈바이처 박사는 자녀 교육에서 가장 중요한 것 세 가지를 첫째도 본보기, 둘째도 본보기, 셋째도 본보기라고 했다. 자녀들은 부모의 등 뒤에서 부모의 삶을 보고 자란다고 하지 않던가? 하지만 그 부모는 선대 부모에게 물려받을 정신적 유산을 받지 못한 채 부모가 되고, 이것을 자신의 자녀에게 대물림하게 된다.

둘째, 이해하라. 부모님도 부모가 처음이다. 부모는 일차적 관계이다. 그럼에도 양육 과정 중 여러 마찰로 불편한 관계로 살아가는 사람들이 많다. 원인은 결혼이 처음이라 경험이 없고 부모교육 없이 부모가 되고 가정을 만들었기 때문이다. 필자는 박사학위 논문을 쓰면서 많은 중년 남성을 만났다. 이들은 가정을 꾸리면서 아버지로, 남편으로, 자식으로, 직장인으로 역할이 늘어나 때론 중압감으로 인해 심리적 위기를 겪으면서 가정적, 사회적 기능에 영향을 미쳐 가족 내 불화의 주요 원인이 되고 무관심, 좌절, 권태에 빠지면서 외롭고 힘든 삶을 표현하지 못하고 늑대로 변해 자신보다 힘이 약한 배우자, 자녀에게 해서는 안 될 말과 행동을 한다.

셋째, 사랑하라. 부부간의 사랑은 자녀에게 미치는 영향이 매우 크다. 부부 관계가 좋지 않아 아내가 남편을 미워하면 아들은 아버지를 더욱 거부한다. 어머니에게 밀착하는 오이디푸스 콤플렉스 때문에 아들은 아버지의 존재 자체가 거부하게 되며 어머니가 가진 프레임으로만 보고 불행한 가정을 만드는 장본인이 된다. 많은 가정의 문제를 가진 남자들이 바로 과거에 이러한 경험을 겪은 사람들로 즉, 부모와의 삼각관계에 깊숙이 휘말리며 자란 사람들이다.

넷째, 본인만의 공간과 취미를 가져라. 현재의 일상을 얻기까지 수없이 희생했지만 삶이 안정되어야 할 시기인 지금 오히려 위기를 겪는 가장이 많다. 중요한 건 중년 남성이 겪는 심리적 위기는 단순히 개인의 문제에 그치지 않고 사회나 가족이 알아주지 않아 섭섭함을 가진 가장들은 공허해하며 일탈을 꿈꾸고 혼자 있고 싶어 한다. 하지만 집에 돌아와도 아이들과 아내에게 모든 공간을 내주고 정작 본인만의 공간은 집 안 어디에도 없다고 한다. 혼자 있을 수 있는 공간은 화장실뿐이라며. 대부분의 남성이 자동차를 좋아하는 이유도, 아내 몰래 월차를 쓰고 개인 시간을 갖는 이유도, 자신만의 유일한 공간이 필요하기 때문이라고 한다. 남성에게 '자기만의 방'에 대한 욕구는 삶이 무의미하고 공허하다는 느낌이 있기 때문이다.

그래서일까? 필자도 〈나는 자유인이다〉라는 프로그램 애청자다. 이 프로그램은 중년 남성들이 선호하는 프로그램으로 한국 갤럽 조사 7위라고 한다. 이유는 가족과 사회, 대인관계 등의 좌절, 배신, 삶의 고통에서 벗어나 내면의 평화를 위해 화해와 용서를 하고 자연으로 들어가 어깨의 무거운 짐을 내려놓고 홀가분하게 사는 삶에 대한 대리만족이라고 한다. 내적 평화가 이루어져야 행복한 가정을 꾸릴 수 있다. 마음은 콩나물시루에 물 주듯 정성껏 가꿔야 하기 때문에 자신을 치유할 수 있는 공간과 취미활동은 필수다.

다섯째, 지지와 격려, 칭찬을 해 줘라. 동화 백설공주를 현대판으로 해석하면 필자는 왕비가 백설공주를 미워하고 교살하려 했던 원인은 자신이 신뢰한 거울에게 "거울아~ 거울아~ 이 세상에서 누가 제일 이쁘니?"라는 물음에 거울이 "왕비님도 예쁘지만 숲속에 잠들어 있는 백설공주가 제일 이쁘다."라는 대답을 듣고 기대감이 절대자에 대한 배신감으로 바뀐 것에 기인된 행동이라고 필자는 생각한다.

 자녀는 내 부모니까 어떤 상황에서도 자신을 지지, 격려, 칭찬해 주길 바라며 자신의 편이 되어 주기를 바란다. 이런 바람이 부모와 자녀 간의 오류로 작동하여 자녀는 자신의 기대감에 어긋나면 일탈 행동을 보이고 문제 아이로 전락하고 만다.

 인간 본성은 배려받고 칭찬받기를 원하며 자기가 배려받은 것과 손해 본 것을 똑똑히 기억해 보상받으려고 한다. 독자들에게 묻고 싶다. 부모나 주변인들이 자신에게 잘해 준 것에 대한 기억과 잘못한 기억 중 어떤 기억이 오래 남는지에 대해. 부모에게서 인정받지 못하고 자란 사람의 다수는 다른 사람에게서 위로나 해결책을 찾으려 한다. 현재 자녀와 불편한 관계라면 지금부터라도 화해하고, 용서를 구하고 자녀들과 따듯한 온기를 주고받기를 바란다.

 성연의 말씀 중에 '칭찬'은 해 줄수록 더 잘하게 되고, '정'은 나눌수록 더 가까워지며, '사랑'은 베풀수록 더 애틋해지고, '몸'은 낮출수록 더 겸손해지며, '마음'은 비울수록 더 편안해지고, '행복'은 감사할수록 더 커진다는 말도 있지 않은가?

 이와 반대로 '욕심'은 부릴수록 더 부풀고, '미움'은 가질수록 더 거슬리며, '원망'은 보탤수록 더 분하고, '아픔'은 되씹을수록 더 아리며, '괴로움'은 느낄수록 더 깊어지고, '집착'은 할수록 더 질겨지는 것이니 부정적인 기억은 나를 위해서라도 모두 지우는 게 좋다고 필자는 말하고 싶다.

　필자의 경험으로는 쉽지는 않았지만 지워 버리고 나니, 불편했던 마음이 편안해지고, 마음이 편안해지니 사는 일이 즐거워졌다. 혹자는 과거는 힘이 없으니 잊어버리고 현재와 미래에 집중하라고 한다. 하지만 기억은 현재와 미래에 영향을 미치고 상처는 아물어도 흉터는 남는다. 우리 삶은 수많은 상처와 그 흉터들로 덮여 있다. 필자는 흉터를 지워 주는 마음의 반창고는 "화해와 용서"라고 생각한다.

3. 통합예술로 본 용서와 화해

필자는 내담자들의 외상 후 스트레스, 개인감정, 정서상의 갈등, 가족에 대한 이해, 스트레스 해소, 대인관계의 어려움을 통합예술을 통해 치유될 수 있도록 돕고 있다. 예술치료는 억압된 자신의 감정과 갈등을 만나면서 자기에 대한 이해가 깊어지고, 표현 능력이 향상되고, 사회적 기술이 증진되어, 자신의 가치관이나 개인적 성장에 도움이 되기 때문이다. 이에 이번 도서에서는 영화, 명화, 드라마, 그림책, 동화책, 시, 음악 등의 매체를 예시로 화해와 용서에 대해 이해를 돕고자 짧게 언급하고자 한다.

① 영화 《밀양》

이창동 감독의 영화 《밀양》은 2007년에 개봉된 영화로 우리에게 '용서'는 누가 하는 것인가에 대해 새롭게 조망할 수 있는 단초를 제공한 영화라고 필자는 생각한다. 영화에서 '밀양'은 '비밀스런 햇볕'이라는 뜻으로 영어 제목은 '시크릿 선샤인(Secret sunshine)'이다. 'secret'이 '비밀의', '숨겨진', '은밀한' 등의 뜻을 지니고 있으니 '은밀한 햇빛' 혹은 '숨겨진 빛'으로 생각된다.

영화 촬영은 경남 밀양을 배경으로 아들을 죽인 살인자에 대한 '용서'의 문제를 전면적으로 다룬 영화다. 깊은 신앙심으로 자신의 아들을 죽인 유괴범을 용서하려 찾아가지만 살해범은 너무나 평온한 얼굴로 자신은 이미 신의 구원을 얻었다고 말한다. 유괴범을 만나고 돌아오면서 신애는 그동안 혼자서 치열하게 얻어 낸 신의 구원이 얼마나 부질없는 짓이었는지 실감하고 이후 신애는 햇빛 속에 숨어 자신을 조롱하고 있는 듯한 신을 향해 도전하는 내용을 담고 있다.

 용서는 누구의 몫일까? 신의 몫일까? 용서를 해 주면 끝인 것일까? 반대로 용서받지 못하면 평생 잘못한 것일까? 쉬우면서도 어려운 행동, 용서! 영화는 아이가 하늘을 바라보는 시점에서 시작해 지저분하고 누추한 땅에 약간의 햇볕이 얹혀 있는 것을 비추면서 끝난다. 필자는 이 영화에서 말하는 구원의 빛은 거창한 빛이 아니라 어쩌면 자신의 마당을 가득 채운 햇살처럼 우리 생활 곳곳에 조용히 스며들어 있는 빛인지도 모른다는 생각을 하였다.

 ② **영화《보통 사람들》**
 이 영화는 사고 후 가족의 트라우마를 다룬 영화로 살아남은 자의 죄의식, 가족 갈등, 해소 과정의 내면적 변화를 그린 영화다. 보트놀이를 하다가 배가 뒤집혀 형 버크가 죽고, 그 죄의식에 사로잡혀 있는 동생 콘라드, 강한 억제력으로 평온을 유지하는 어머니 베스, 살아남은 아들과 엄마를 중재하려는 아버지 캘빈의 이야기를 담고 있다.

 형 버크는 강풍에 돛을 내리려다 끈은 놓쳐 세찬 물결에 휩쓸린다.

동생 콘라드는 자신이 형을 죽였을 것이라는 '외상 후 스트레스 장애'에 시달린다. 급기야 자살을 시도하지만 미수에 그치고, 어머니 베스는 죽은 버크를 잊지 못하고 살아남은 콘라드에게 쌀쌀맞게 대한다. 콘라드도 자신에게 냉정하게 대하는 어머니를 미워하고 증오하며 힘들어한다. 아버지 캘빈은 부인과 아들 사이를 조정하려다 무력증에 빠지는 내용을 담고 있다.

상처가 있는 아들은 "내가 무엇을 하지 못했다." "무엇을 잘못했다." "잘하고 싶다." "인정받고 싶다."라는 마음이 결핍으로 남아 있는 상태였다. 아버지는 아들에게 "넌 자신에게 엄격해서 혼낼 수가 없었다."라며 잘 이겨 낼 거라고 생각했고 아들은 야단치지 않는 부모의 행동이 형과의 편애라고 생각했다. 아버지의 권유로 상담을 받으면서 상담사의 말 중 "엄마는 네가 좋아하는 방식으로 표현을 못하는 것일 수도 있어. 또한 자기감정을 보이는 걸 두려워하는지 모르지!"란 말이 있다. 엄마 말고도 용서할 사람이 있다. 바로 자신! 너를 좀 풀어 주면 어떨까?

이 영화의 메시지는 뜻하지 않은 사고로 인한 가족 간의 오해로 공감과 이해받지 못하는 감정이 각자의 내면에 자리했기에 풀리지 않는 매듭으로 굳어진 사례로 프레스턴 교수의 말처럼 "감정적 소용돌이 속에 있는 것은 그 자체만으로 충분히 외로운 일"이라서 이런 감정을 다른 사람, 특히 "친구나 가족이 묵살하려고 하는 것은 큰 상처다."라는 말을 마음에 담았으면 한다.

③ 드라마 《삼남매가 용감하게》

얼마 전 종영된 KBS 주말연속극 《삼남매가 용감하게》는 두 가족의 이야기를 담아낸 51부작 드라마로 연인 간, 가족 간의 진실이 오해로 왜곡되어 상상할 수 없는 질투, 시기, 복수로 당사자는 고단한 인생을 살고, 일가족 모두가 아픔을 경험하지만, 다시 가족이 하나 되어 힘들지만 이해하고 반성과 배려하면서 갈등을 봉합하며 화해와 용서로 힘든 치유의 과정을 잘 극복해 나가는 과정을 보여 주고 있다. 지면의 할당이 있어 내용 설명에 한계가 있음을 이해 바라며 시간이 되면 시청을 권하고 싶다.

④ 그림책 《무릎딱지》

사무치는 모정을 그리워하며 가슴 아프지만 간직해야 할 슬픔에 관한 그림책 《무릎딱지》. 아이는 자기가 자는 동안 엄마가 죽었기 때문인지 좀처럼 현실을 받아들이지 못하고 인정하려 하지 않는다. 전날 밤, 작별 인사하는 엄마에게 아이는 난 이제 엄마 아들이 아니라고, 이렇게 빨리 가 버릴 거면 나를 뭐 하러 낳았느냐고 소리친다. 깊은 절망과 상실감에 울기만 하는 아빠에게도 "흥, 잘 떠났어. 속 시원해."라며 아이는 마음에도 없는 말을 한다.

푹푹 찌는 한여름에 아이는 엄마 냄새가 새어 나가지 않도록 집 창문들을 꼭꼭 닫고 엄마 목소리가 지워질지도 모른다며 귀를 막고 입을 다무는 기행을 한다. 엄마의 죽음을 부정하고 화를 내던 아이가 이제는 어떻게 해서든 엄마를 붙잡으려고 안간힘을 쓴다. 《무릎딱지》는 어린 나이에 엄마와의 이별을 다룬 그림책이지만 필자의 내담자는 유복자로 태어나 남들과는 다른 홀어머니와 살면서 태어나기 전 돌아가신 아버지를 원망하며 가슴앓이하다 상담을 받으면서 화해와 용서로 고인이 되신 아버지를 가슴에 담게 되고 일상으로 복귀하였다.

⑤ 명화 렘브란트의 《돌아온 탕자》

 필자는 그림으로 이룬 용서와 화해의 대표작으로 명화, 바로크 시대의 성화와 네덜란드를 대표하며 빛의 마술사로 불리는 렘브란트의 《돌아온 탕자》를 꼽고 싶다. 이 그림은 렘브란트가 죽기 전, 1661~1669년에 걸쳐 그린 미완성작으로 신약 성경 '누가복음' 15장 11절에서 32절에 걸쳐 펼쳐지는 이야기를, 작가가 사랑하는 아내를 잃은 자신의 고독한 심정을 인간의 사랑과 포용력을 통해 표현한 것으로 유명한 작품이다.

 이 작품은 세상 유혹에 빠져 고향을 등지고 나간 탕자가 아버지의 용서로 새 삶을 찾는 감동적인 내용을 담고 있다. 한때, 오해와 섭섭함, 차별로 인해 부모나 형제간에 미움과 증오를 마음에 담고 집을 떠나 방황하는 삶을 살다 늦은 깨달음으로 집으로 돌아온 불순종한 탕자를 용서하고 관용과 사랑으로 반기는 아버지는 '용서하는 하느님'이고 탕자는 죄를 뉘우치고 회심한 '누구나'가 될 수 있다. 독자들은 이 그림을 통해 어떤 생각과 교훈을 받았는지 묻고 싶다. "용서받기"와 "용서하기"에 대한 견해를.

⑥ 시《용서 하나 갚겠습니다》

    사람이 살다 보면 본의 아니게 잘못할 때가 있다. 그러나 용서를 구하지 않으면 시간이 흐른다 해도 저절로 묻히거나 사라지지 않는다. 본인이 진정 잘못을 인정하고 용서를 구해야 상대도 자신도 내적 평화를 찾을 수 있다. 필자가 상담 중 자신에게 상처를 준 사람들이 용서가 되지 않아 힘들어할 때 예시 들어 드리는 양광모 시인의 시를 소개한다.

생의 어느 날,
사람에게 받은 상처를 용서하기 힘들 때

아버지,
당신에게 받은 용서 하나 갚겠습니다

어머니,
당신에게 받은 용서 하나 갚겠습니다

친구여,
그대에게 받은 용서 하나 갚겠습니다

생의 어느 날,
사람에게 받은 상처를
용서하기 힘들어 잠 못 이룰 때

신이여,
당신에게 받은 용서 하나 갚겠습니다

필자는 인생 끝자락에서 '회한'이 없도록 화해와 뉘우침으로 용서를 구하고 용서하라고 말하고 싶다.

⑦ 동화 《빨간 구두의 비밀》

안데르센 동화 중 《빨간 구두의 비밀》이라는 작품이 있다. 맨발로 다닐 정도로 가난했던 소녀 '카렌'이 구둣방 주인의 호의로 싸구려 빨간 구두를 얻게 되었는데, 결국은 그 빨간 구두의 화려함에 매혹되어 교회에 갈 때도 몰래 신게 되고, 본인이 고아가 된 뒤에 입양해 준 할머니를 속이고 계속 빨간 구두를 신으며 일탈하게 된다. 결국 가난한 고아 소녀의 위험한 욕망에 대한 벌로 빨간 구두를 신은 발이 저절로 춤추게 되고, 그 춤이 멈추지 않아 사형 집행인에게 부탁하여 발목을 잘라 내고 나서야 춤에서 해방될 수 있었다는 것이 이 동화의 전체적인 줄거리다.

이 동화를 예시로 든 것은 주인공 카렌의 불우한 어린 시절 결핍으로 왜곡된 이상심리로 인한 집착과 일탈이 자신의 신체를 해하는 장면으로 끝을 맺는데, 어릴 때 사랑받지 못한 사람은 대개 무의식적으로 자기 욕구를 충족하려고 한다. 비뚤어진 욕구는 사랑하고 표현하는 능력을 저해하고 일탈을 부추긴다.

필자의 내담자 중에도 어린 시절 상처가 평생 자신을 따라다니며 괴롭히고 있어 숨쉬기조차 힘들다는 분이 계셨다. 주변 사람들에게 무시당하고 부정적인 낙인으로 자신은 한 발짝도 나설 수 없으며 자신을 포장하기 위해 거짓말과 자해, 자살 시도 등 자신을 해하는 행동을 일삼기도 하고 술과 도박, 성 중독에 빠져 살기도 했다. 자신을 억압하는 과거와 화해, 용서하지 않으면 결국 자신을 파괴시켜 파멸로 이르게 한다. 상담을 받으면서 그는 병마와 가난으로 자신을 고통스럽게 한 과거를 이해하고 주변 사람에게 준 피해에 대해 참회의 눈물을 흘리며 반성과 용서를 구했다. 우리 모두 욕망과 욕구의 차이를 다시 상기해 보자.

⑧ 음악 《아버지의 사진》

*"음악의 언어는 무한하여 여기에는 모든 것이 들어 있고
모든 것을 설명할 수 있다."*
- Honore Balzac

맹수의 포효를 연상케 하는 풍부한 성량과 두터우면서도 애절한 중저음의 가수 임재범의 팬으로 얼마 전 데뷔 30주년을 기념하는 전국 콘서트 투어 마지막 공연(인천 송도 컨벤시아)을 관람하였다. 공연 중간, 생전에 "아버지가 참 미웠다."라며 《아버지의 사진》이라는 노래를 통해 상처받은 내면 아이를 간직한 채 보낸 성장 과정 중 받았던 그간

말하지 못한 가슴속 응어리와 수많은 감정을 녹여 내는 그만의 존재감을 보여 주었다.

공연 중 신곡《아버지의 사진》은 용기 내어 절망과 슬픔, 두려움을 딛고 용서하고 용서받고 싶은 마음이 녹아져 있었다. 첫 구절에, "문득 떠오르겠죠. 참 많이 울 것 같아요. 미움과 그리움, 사랑과 원망이 섞인 복잡한 마음이죠~ (이하 중략)" 끝까지 가사를 음미해 보길 바란다. 아마 그는 아버지가 돌아가시기 전까지 어린 시절 상처가 그를 지배했고, 과거에서 벗어나기 위해 기억을 조작하고 살아온 자신을 뒤늦게 알아차리고는 힘든 나날을 보냈던 것 같다.

필자는 이번 콘서트 주제인 "집으로 가는 길"이 심리상담사로서 통합예술치료로 회복을 돕고 있어서인지 남다른 의미와 여운을 가지고 돌아왔다. 과거 그의 집은 불화, 상처, 미움, 증오 등으로 유형의 집은 있으나 마음은 집을 떠나 방황과 고뇌로 점철된 시간을 보내고 이제 그는 7년이라는 아픔의 시간을 견뎌 내고 비로소 따듯한 불빛이 있는 집으로 가고 있는 것 같다. 가수 임재범은 자신이 견뎌 온 힘들었던 순간마다 늘 곁에 있어 준 팬들에게 고마움을 표현했다. 팬들이 있어 오늘의 그가 있는 것처럼 고통으로 힘들어하는 사람에게 지지, 격려해 주면 좋겠다.

4. 일어나! 다시 한번 해 보는 거야!

> "어느 누구도 과거로 돌아가서 새롭게 시작할 순 없지만,
> 지금부터 시작하여 새로운 결말을 맺을 순 있다."
> - *카를 바르트*

어린 시절 자신을 꼭 안아 주는 대상이 있었다는 것은 단순히 어릴 때의 경험만으로 한정되지 않고, 한 사람의 인생 전체에 걸쳐 영향을 미친다. 긴 생애를 살아가면서 부딪치는 수많은 문제 속에 이때 응당 받았어야 했던 따뜻한 보호와 보살핌의 결핍감이 웅크리고 있다. 이 결핍감은 내면에 심리적 아킬레스건이 되어 자라지 못하고 내면 아이로 잠재하고 있다.

그래서 더 이상 상처받지 않으려고 가시를 세우고 살아왔는지 모른다. 그러나 삶 속에서 당신에게 친절을 베풀고 따뜻한 마음을 준 사람은 분명히 있다. 다만 크나큰 자신의 상처로 인한 고통을 들여다보느라 그 따뜻함을 미처 기억하지 못하는 것일 뿐.

앤드류 매튜스는 중요한 건 당신이 어떻게 시작했는가가 아니라 어떻게 끝내는가에 달려 있다고 한다. 과거의 상처는 불행하게도 현재와 미래의 삶에도 여전히 강력하게 작동하여 낮은 자존감, 거짓 자아, 부

정적 자아상, 회피형 성격, 분노 조절, 강박증, 공포증, 우울증 같은 후유증을 만들지만 필자는 다음 세대를 위해서라도 화해와 용서로 세대 전승은 되지 않아야 된다고 생각한다.

용서와 화해를 하고 싶지만 시도하기 어렵다면 다음과 같이 생각해 보면 어떨까? 필자는 장기하와 얼굴들이 부른 "그건 니 생각이고" 노래 가사처럼 "이러쿵 저러쿵 누가 뭐라 해도 상관 말고 그냥 니 갈 길 가!"라고 말하고 싶다. 19세기 스위스의 사상가 칼 힐티(Carl Hilty)는 자신의 '행복론'에서 사람에게는 세 가지 행복이 있다고 한다. "서로 그리워하고, 서로 마주 보고, 서로 자기를 주는 것." 결국 행복은 사람과 사람 사이의 사랑과 존중에서 얻어진다는 것을 명심하자.

앞으로도 지금까지 살던 대로 살 것인가? 상처를 극복하고 겹겹이 쌓인 마음의 먼지를 털어 내고 이제라도 **후회 없는 삶을 살기 위한 방법을 소개한다.**

첫째, 치유의 진정한 시작은 자기 이해다. 자신에게 질문을 던져 보고 생각해 보라고 권하고 싶다. 인생이라는 길고도 험한 레이스에서 성공하기 위해서는 먼저 자신을 아는 것이 중요하다. 자신의 존재에 대해 충분히 고민하는 시간을 갖게 되면 자기 가치를 발견하여 소중한 인생을 찾게 될 것이다.

둘째, 더 이상 당신의 시간을 낭비하지 말아라. 나는 어떤 존재가 되고 싶은가? 자신에게 물어보라. 인생은 '소풍 길'이라는데 과거 부정적 기억에 사로잡혀 좌절이나 실패로 인한 두려움으로 앞으로 나서지 못하고 지금 상태를 지속하고 살게 되는 미래를 상상해 보라. 끔찍하지 않은가. 자신의 미래의 모습과 존재에 대한 목표 설정을 하게 되면 상처로 내 안의 점철된 웅덩이에서 빠져나올 수 있다.

셋째, 나는 무엇을 하면서 살 것인가? 우리의 시간은 한정되어 있다. 그리고 누구나 꽃피는 시기는 달라도 한두 번 꽃을 피우고 생을 마감한다. 어린 시절 가족의 대물림으로 양육 과정에서 부모로부터 인정의 욕구를 경험하지 못한 사람은 자신감이 결여된 채 자신의 미래에 불안해한다. 이제 이렇게 생각해 보면 어떨까? 괜찮아, 아무도 못 봤어! 그럴 수도 있지! 뭐 나만 그런 거 아니야! 어쩔 수 없었어. 고의가 아닌데. 우리에게 내일이 있다는 것을 명심하고 뒤돌아보는 일을 멈추고 성인이 된 내가 자신의 상처받은 내면 아이를 안아 주어 어린 시절 지녔던 꿈을 다시 상기하여 가슴 뛰는 삶을 살기를 바란다.

넷째, 너무 초초해하지 말고 일희일비하지 말아라. 살다 보면 길이 보이지 않을 때가 있다. 원망하지 말고 기다려라. 눈이 덮였다고 길이 없어지는 것이 아니요, 어둠에 묻혔다고 길이 사라진 것도 아니다. 묵묵히 빗자루를 들고 눈을 치우다 보면 새벽과 함께 길이 나타날 것이다. 가장 넓은 길은 언제나 내 마음속에 있다. 시련을 딛고 성공한 사람은 자신이 남 탓을 할 수 없는 것은 자신이 최종 책임자이기 때문이라고 한다.

다섯째, 맺힌 한을 풀어라. 인간관계에서는 감정적으로 맺힌 것들이 있기 마련이다. '아, 이래서는 안 되겠구나.' 하고 풀어 버리면 좋은데 그렇지 못하는 경우가 많다. 상대가 아무리 좋은 말을 하더라도 내가 다르게 받아들이면 가슴에 맺히는 말이 된다. 더불어 상대의 이기심도 극단적인 것이 아니라면 자신을 지키기 위해 만든 보호색 같은 것으로 봐 주면 어떨까? 하고 필자는 생각한다. 손해 보는 사람은 억눌린 이기심 때문에 안으로 분노가 쌓이고 그 분노는 그냥 사라지는 것이 아니라 폭발할 장소를 찾아다닌다. 대부분 가족에게, 자신보다 힘이 약한 사람, 또는 자기 자신에게. 사람이 화날 때마다 불을 뿜는다면 가장 피해 볼 사람은 가족일 가능성이 높다. 가족은 가장 많은 사랑을 주고받기도 하지만 상처를 주고받기도 하니까.

여섯째, 용서는 해방감을 맛볼 수 있고 치유를 경험하게 되면서 자유로워질 수 있다. 그럼에도 용서가 쉽지 않다고 한다, 누군가와 화해와 용서를 하고 싶은 사람은 관련 도서를 읽고 글을 써 보라고 권하고 싶다. 필자에게 상담받은 한 내담자는 타인에게 맞추는 삶을 사느라 비눗방울 멘털을 갖고 살면서 누군가 툭 건드리기만 해도 자신이 무엇을 잘못했는지 해석하며 위축되는 삶을 살았는데 글을 쓰고 자신의 모든 것을 쏟아 내면서 치유를 경험하게 되었다고 한다.

5. 다시 찾은 내면의 봄

 쉽지 않은 과정이었지만 용기 내어 "화해와 용서"를 통한 내면의 평화를 찾게 된 사람들은 한 목소리로 "화해와 용서'는 사랑이다." "상처! 생각하기 나름이다. 최악이 최선이 되기까지 많은 인내와 고통은 있었지만 지나고 보니 그 아팠던 상처들이 오늘의 나를 만들었다." "긴 겨울이 지나고 봄, 봄, 봄이 왔어요." "젖은 마음이 햇살처럼 뽀송해졌어요." "머리에 서리가 내리고 얼굴에 주름 훈장을 달고 보니 왜 부모님이 돌아가시기 전에 단 한 번이라도 사랑한다는 말을 하지 못했는지 한이 된다."라며 지금이라도 용서받고 싶으시다며 자신의 무지에 눈물을 흘리셨다. 소풍 길 마치고 떠날 때가 되어 껄껄껄 하며 후회하지 말고 화해와 용서로 가슴 뭉클한 삶이 되길 바란다.

[참고문헌]
최광현, 《나는 내 편이라고 생각했는데》, 부키(2019)
박상미, 《우울한 마음도 습관입니다》, 저녁달(2023)
조남철, 《사람은 어떻게 성장하는가》, 플랜비디자인(2020)
양광모, 《양광모 대표시 101》, 푸른길(2022)

참사랑을 깨닫게 해 준
"화해와 용서"

남궁청완

이메일: Chungwan0329@hanmail.net

경력

- 現) 한국회의법학회 교수/사회적 협동조합 혜민서 이사장/재단법인 사회가치연대기금 이사/사단법인 서민금융연구원 부원장/동대문 사회적경제네트워크 상임대표/동대문구 협치회의 공동의장

- 前) 서울 종로 JC 8대 회장/한국청년회의소 훈련원장/함열 남궁씨 종친회 중앙 회장/(사)서울약령시협회 회장/경동신협 이사장/신협 중앙회 이사

출간

- 《지구별 소풍과 귀천》 웰다잉 총서
- 《내면의 평화를 위한 화해와 용서》

1. 사랑의 원자탄

원수를 사랑하라(마 5:38-48)

실천할 수 있을까!

1948년 우리나라는 광복 후 좌익과 우익으로 나뉘어 극심한 대립 관계에 있었다. 당시 여수와 순천에 주둔하고 있던 군인들은 제주도 4.3사건 진압 출동을 거부하면서 반란을 일으켰다. 당시 순천에는 순천사범학교에 다니며 전국 학생연맹에서 활동하고 있던 손동민, 손동신 형제가 있었다.

반란군 세력은 두 형제가 우익 성격을 띠는 단체에 소속되었다는 이유를 빌미로 둘을 체포 사형을 집행했다. 충분한 수사나 소명의 기회도 주지 않고 재판 과정도 없이 형이 집행되었다. 여수 '애양원(한센병 환우들이 모여 살던 곳)'으로 두 형제의 시체가 도착했을 때, 금쪽같은 자식들의 억울한 주검을 맞이한 가족들과 애양원 사람들은 혼비백산 큰 슬픔으로 원통해했다. 두 사람의 장례식 예배 때 손 목사의 감사기도는 지금까지도 유명하다.

"하나님. 뜻이 있으셔서 제 두 아들을 불러 가신 것을 믿고 감사합니다. 하나님. 제 두 아들을 죽인 사람 그의 생명을 보존해 주십시오. 제가 전도하겠습니다. 그가 그대로 지옥에 가서는 안 됩니다. 하나님. 저에게 그를 사랑하는 마음을 주옵소서."

두 아들의 장례식장에서 손 목사님이 한 인사말이다. 내가 이 시간에 무슨 답사를 하고 무슨 인사를 하겠냐마는, 그래도 하나님 앞에 감사하는 마음이 있어서 몇 말씀 드린다.

첫째, 나 같은 죄인의 혈통에서 순교의 자식들이 나오게 하셨으니, 하나님. 감사합니다.

둘째, 허다한 많은 성도들 중에 어찌 이런 보배들을 주께서 하필 내게 맡겨 주셨는지, 그 점 또한 하나님 감사합니다.

셋째, 삼남 삼녀 중에서도 가장 아름다운 두 아들 장자와 차자를 바치게 된 나의 축복을 하나님. 감사합니다.

넷째, 한 아들의 순교도 귀하다 하거늘 하물며 두 아들의 순교이리요. 하나님. 감사합니다.

다섯째, 예수 믿다가 누워 죽는 것도 큰 복이라 하거늘 하물며 전도하다 총살 순교 당함 일이요. 하나님. 감사합니다.

여섯째, 미국 유학을 가려고 준비하던 내 아들 미국보다 더 좋은 천국에 갔으니 내 마음이 안심되어 하나님. 감사합니다.

일곱째, 나의 사랑하는 두 아들을 총살한 원수를 회개시켜 내 아들 삼고자 하는 사랑의 마음을 주신 하나님. 감사합니다.

여덟째, 두 아들의 순교로 말미암아, 무수한 천국의 아들들이 생길 것이 믿어지니 우리 하나님. 감사합니다.

아홉째, 이 같은 역경 중에서도 이상 여덟까지 진리와 하나님 사랑을 찾는 기쁜 마음 여유가 있는 믿음 주신 우리 주 예수 그리스도께 감사합니다.

열 번째, 이렇듯 과분한 축복 누리게 되는 것을 감사합니다.

장례 예배는 눈물바다를 이루었다. 하지만 손 목사님은 슬퍼하기보다 '영광일세 영광일세 내가 누릴 영광일세' 하고 찬송을 힘차게 불렀다. 장례식 후에 감사헌금 일만 원을 하나님 앞에 올려 드렸다. 당시 손 목사님의 한 달 사례비는 팔십 원이었다. 일만 원은 목사님의 10년 치 사례비 전부였다.

반란이 진압되고 당시 두 형제를 죽인 안재선이 잡혀 사형이 집행되려고 할 때 손 목사님은 딸 손동희를 통해 구명을 위해 심부름을 부탁했다. 원수를 위해서 절대로 심부름을 하지 않겠다고 울고불고 완강히 거부하는 딸 동희를 끝내 설득하여 안재선을 구명하고 양자로 삼겠다고 밝혀 주변을 놀라게 했다.

금쪽같은 자식을 하나도 아니고 둘씩이나 죽인 원수를 용서하고 양자로 삼을 수 있었던 손양원 목사님! 일제 강점기 창씨개명을 거부하고 반대 운동을 주도하다 일경에 체포되고 구금되어 옥살이하면서도 독립운동을 포기하지 않으셨던 독립운동가이자 사상가, 사랑의 화신 손양원 목사님 이야기는 순교 70년이 지난 지금도 평화, 사랑, 용서, 화해를 주제로 하는 설교에 빠짐없이 인용되는 설교 내용이다.

2. 혹독한 추위보다 가혹했던 시집살이

　지독한 가난 때문에 사발농사라도 지으라고 반강제로 시집을 가서 첫날밤부터 격한 폭력에 시달리며, 낮에는 농사일로, 저녁엔 삯바느질로 상상이 안 되는 시집살이를 했다. '이것이 숙명이라면, 받아들이겠다.'라며 참고 인내하며 살았는데, 아무런 이유 없이 남편으로부터 심한 욕설과 심한 폭력으로 정신을 잃었다. 겨우 살아나 깊은 밤 신발도 없이 도망쳐서 30리(12km)를 걸어서 도착한 친정집에서는 밥 한 끼 못 얻어먹고, "죽어도 그 집 귀신이 되라."라는 아버지의 호통만 듣고 쫓겨난 신세가 되었다.

　중신아비 둘째 이모 집에 가서 이모를 붙잡고 눈물을 흘리면서 그동안의 이야기를 다 하고 "죽어도 그 집에는 못 가겠다."라고 우는 나를 이모는 꼭 안아 주면서 며칠 쉬면서 생각 좀 해 보자고 하셨다.

　며칠 동안 꿈같은 시간을 보내면서 가난한 이모 집에 더는 머물 수가 없었다. 이모한테 차비를 꾸어 말로만 들었던 서울행 열차에 몸을 싣고 다시는 고향을 찾지 않겠다고 다짐하며 서울로 올라왔다. 하지만 팍팍한 서울 땅에서 살기가 쉽지 않았다.

　차라리 죽어 버리자고 한강 인도교에 가서 자살하려고 하니 차라리 마음이 편했다.

  신발을 벗고 눈물 콧물 범벅이 되어 뛰어내리려고 하는데 갑자기 나타난 화물차가 급정거하더니 운전사가 뛰어내려 나를 낚아챘다.

  통행금지가 있어 인적이 없는 시간인데 화물차는 통행할 수 있었나 보다. 나를 차에 태운 운전사는 나이가 제법 드신 분으로 기억하고 있다.

  당신이 살아온 이야기를 들려주며 "힘들지 않은 사람이 어디에 있으며 살고 싶어 사는 사람이 어디 있느냐." "죽을 용기로 다시 한번 살아 봐라." "개똥밭에 굴러도 이승이 낫다고 다시는 죽을 생각은 말아라."라고 당부하면서 생명 부지의 나에게 해장국을 사 주시고, 용돈으로 쓰라면서 오천 원을 주고, 식당을 나서시는 그분 모습이 아직도 기억이 생생하다.

  그 후로 죽지는 말자면서 안 해 본 일 없이 닥치는 대로 일하며 살았지만 무슨 놈의 팔자가 이렇게 흉한지 돈 한 푼 없이 늙어 버렸고, 류마티스 관절염과 심장병 그리고 폐 섬유화 증세로 하루하루가 힘든 생활을 하고 있다. 그렇게 고향을 떠나온 뒤로는 시집 식구들과 친정 식구들은 연락 한 번 하지 않고 원수처럼 살고 있다. 서로 안부는커녕 찾지도 않은 세월이 반백 년이나 되었다.

"내가 죽으면 혜민서에서 약속대로 장례나 꼭 치러 주었으면 원이 없겠다."

엔딩노트 작성과 결연 돌봄을 위해 혜민서를 방문 상담을 하신 E 할머니(77세)는 말씀하시는 내내 속에 가득한 분노와 화 때문에 숨이 차고 분에 못 이겨 힘들어하셨다.

평소에는 안정감을 가지고 말씀을 하시고, 힘들지만 조금씩 걷기도 하시면서 평정심을 유지하다가도 자식이나 남편 가족사 이야기를 할라치면 눈에 광기가 돌고 흥분을 주체하지 못하는 이유를 이제야 좀 알 것 같아 씁쓸하다.

상담 중에 원수를 내 몸같이 사랑하라는 성경 말씀을 실천하신 손양원 목사님과 사소한 시비로 아들을 죽인 죄로 사형수가 되어 사형이 집행되려는 순간 뛰어나가 검은 천과 목에 걸린 올가미를 풀어 주고 사형수를 용서하고 구명을 요청했던 이란 여성 사메레 알리네자드 이야기를 들려주며, "그 여인이 영국 가디건지와 인터뷰에서 원수를 용서해 주니 비로소 내 마음에 평화가 찾아왔다."라고 한 이야기를 담담하게 듣고 있던 할머니는 긴 한숨만 내쉬고 계셨다.

필자와는 네 살 차이이니 동시대를 살아온 셈이다. 공감이 가는 부분도 있을 것이기에 더 적극적으로 설득하는 나를 물끄러미 쳐다보시다 힘겹게 물어본다.

"그래서 어떡하라고요!"

용서하세요. 화해하세요. 이해하려고 노력하세요. 왜냐고요?
억울하지만 나를 위해서 그렇게라도 해야 해요.
이제 인생 사계절로 보면 가을이지요.
언제 하나님이 부르실지 모르는데, 그 원망과 억울함을 품고 살면서 힘들게 살면 어떡하나요.
용서하자, 사랑하자, 그래야 남은 삶이 평안하다.

집요한 설득에 갑자기 대성통곡을 하신다. 실컷 울라고 조용히 문을 닫아 주고 나왔다. 한참 시간이 지나니 조금은 평정심을 찾으셨다.

성당은 왜 다니십니까?
천주님께 더 의지하시고 성경 말씀대로 용서하고, 화해하고, 분한 마음을 이겨 내는 삶을 사는 것이 내가 사는 이곳을 천국으로 만드는 것입니다.

꽃 피는 봄이 되면 내가 동생들을 행정력을 동원해서 반드시 찾아 드리고, 함께 고향에도 가고 오해가 있었다면 오해를 풀고 만나실 수 있도록 해 드리겠다, 만나서 화해와 용서를 하자는 부탁의 말씀으로 상담을 마무리했다.

3. 용문산 기도원 이야기

아버지의 갑작스러운 사망 소식에 세상 모든 것을 잃어버린 상실감에 빠져서 쉽게 일상으로의 복귀가 어려워 몹시 힘든 생활을 하고 있을 때이다.

당시 내 고향 부여읍 제일감리교회에 젊고 예쁜 김은영 전도사님께서 오셔서 교회를 섬기고 계셨다. 얼마 후 내가 태어나 탯줄을 묻은 석목리에 교회 개척을 위해 당시 꽤 부자이고 큰 집이었던 집안 아저씨인 동네 이장님 집 사랑채에 교회를 세웠다. 열심히 기도하시던 김은영 전도사님은 나를 늘 청완 선생이라는 호칭으로 불러 주셨다.

어느 날 전도사님께 선물로 드릴 조그만 손목시계를 사 가지고 모처럼 사랑방으로 찾아뵈었을 때, 전도사님께서 나를 붙잡고 눈물로 간절히 기도하시고 난 다음 단호하면서도 조심스럽게 제안하셨다.

"남궁 선생 내 말 잘 들어요."

"다른 생각이 있어 하는 말이 아니고, 내가 기도 중에 하나님으로부터 응답을 받았는데, 남궁 선생을 하나님의 복음을 온 세상에 전할 일꾼으로 택하셨고, 사명을 부여하셨다."라고 말씀해 주셨다.

지금이 아니면 안 되니 나와 함께 기도원에 가자고 말씀하셨다. 다시 말하면 특별한 인연이 있으니 머리를 깎고 속세를 떠날 수도의 길로 가자는 말씀이셨다.

필자는 그때 돈을 좀 벌겠다고 부여 '차부(버스터미널)' 매표원을 때려치우고, 지인의 소개로 대전 대흥동 자동차부품 가게 협신사 손 회장님 소유의 버스 차장으로 일하면서, 월급도 받고, '삥땅(수입의 일부를 가로챈다는 나쁜 말)'도 치고 해서 제법 돈 맛을 본 상태였다.

찢어지게 가난한 집안을 돕기도 하고, 부여 장날 내 차에 오르시는 아버지한테 꼬깃꼬깃 감추어 두었던 돈도 전해 주던 부모님한테는 효자요, 집안에는 주 수입원이기도 했었다.

"몸은 힘들고 어려운 일이지만. 꽤 좋은 일자리에서 일 잘하고 있는 사람에게 이게 무슨 말씀이신가!"

유년 시절부터 신문을 돌리고 낮에는 닥치는 대로 장사를 하기 위해 읍 소재지로부터 2km 이상 떨어진 집을 떠나 부여제일감리교회 기도실에서 잠을 자면서 생활하던 시절이 있었다.

새벽 4시가 되면 자리에서 일어나 새벽예배 드리고 나서는 '차부(버스터미널)'에 나가서 첫차로 싣고 내려온 신문을 받아 배달하고, 아침 밥을 얻어먹고는 다시 장사하면서도 늘 찬양하고 기도하기를 게을리 하지 않았던, 내 생애 중 가장 하나님에 대한 믿음이 투철했던 시절이었다.

어린 나이에 버거운 삶의 무거운 짐을 짊어지고, 밤이면 눈물로 기도하고, 늘 성경책을 끼고 살면서, 십일조 헌금과 감사헌금을 잘하며, 늘 봉사하며, 열심히 살아가던 내 모습을 가까이에서 지켜보시던 전도사님 눈에는 참 기특한 소년으로 보이셨나 보다.

진지하고 진솔한 설득에 내 마음이 흔들리는 것을 알아챈 전도사님의 설득은 집요하게 계속되었다.

"남궁 선생처럼 똑똑하고 머리가 좋은 사람은 공부를 해야 하고, 하나님의 훌륭한 사역자가 되려면, 지금부터 공부를 하여야 한다. 조금만 노력하면 훌륭한 부흥 강사가 될 소질과 능력이 있다."

세상에 부와 귀를 쌓는 것보다는 하나님 나라에 영광과 찬양을 드려 큰 상을 받는 게 얼마나 귀한 일인 줄 아느냐! 밤이 새도록 설득하시고, 기도를 하시다 보니 내가 나를 잠시 돌아보게 되었다.

잠시 동안 세상에 내던져진 채로 '기름쟁이(자동차 관련 승무원들을 일컫는 속어)'로 살면서, 느슨해진 신앙심이 다시 깨어나는 것을 느낀

필자는 지금까지 하던 일을 마무리하고 입산수도하기로 약속을 하고 말았다.

많은 사람에게 용문산 기도원 이야기를 하면 경기도 양평에 있는 용문산을 이야기할지언정 용문산 기도원은 특별한 인연이 없는 분들은 잘 모르는 정말 깊고 깊은 산속에 있다. 성령 운동의 본산이요. 기도의 동산이며, 나라와 민족을 위해 기도하던 구국재단이 있는 곳이다.

경북 상주군, 충북 영동군, 경북 금릉군 3개 군의 경계로 맷돌봉과 사사봉, 믿음촌과 소망촌, 중앙촌이 있고, 장로교회와 감리교회, 침례교회, 성결교회가 있다.

일 년 열두 달 부흥회가 계속되며, 8월 유월절 심령 대부흥회 때는 전국 각지의 성도들이 구름처럼 모여 인산인해를 이루는 곳인 성경 고등학교와 기드온 신학교 수도원이 있고, 집집마다 찬양과 기도 소리가 그치지 않고, 계곡 골짜기마다 나름대로 목표를 두고 간절히 기도하는 소리가 울려 퍼지는 진정한 용서와 화해가 이루어지고 있는 곳이다.

회개를 통한 구원에 이르는 신앙생활을 순전히 영위하는 곳, 학생들의 땀과 열정으로 지어진 석조건물 대성전이 있는 곳, 성서에 나오는 벳새다 우물가처럼 폐병과 불치의 병을 신앙생활을 통해 치료와 구원을 얻고자 전국에서 모여든 환자가 넘치던 곳이다.

학생들의 기숙사가 있고, 우체국 파출소가 있고, 김천에서 소형버스가 하루 두 차례 다니고, 필자가 잠시 살면서 하나님 나라를 전파하겠다고 40일 금식을 시도했던 곳, 그곳이 나운몽 장로님께서 신앙인의 유토피아를 꿈꾸시면서 1947년 4월 세우신 용문산 기도원이다.

탐욕이 없고, 배신이 없고, 화해와 진정한 용서를 내면에서 찾아내 해결하는 이유를 먼저 이야기하며, 당신을 십자가에 매달고, 침을 뱉던 빌라도 병사를 위해 기도하던 예수님의 참사랑과 용서를 통해 마음에 평화를 얻을 수 있었던 그곳이 한없이 그립다.

용산역에서 오후 6시에 출발하는 부산행 완행열차는 6시간을 달려 바람도 쉬어 가는 추풍령역에 밤 12시에 도착했다.

추풍령역을 빠져나오면 희미한 불빛조차 없는 시골길을 걸어서 기도원을 가기 위해 저수지를 지날 때면 저수지 처녀 귀신 때문에 얼마나 무서웠는지 지금도 등골이 서늘하다.

산길을 돌아 고갯마루에 접어들면 산짐승 소리와 바람 소리에 놀라 나도 모르게 큰소리로 찬송가를 부르고 기도를 하면서 30리 길을 걸어서 다녔다.

4. 용서해 주세요

　필자는 군에서 제대 후 하던 공부를 중단하고, 당시 형님이 운영하시던 종로5가 보생당 한의원에 근무한 적이 있다. 그때 자주 한의원에 오시던 Y를 처음 만났다. 늘 감색 정장을 입고 다니며 오토바이를 즐겨 타시던 상남자요, 멋쟁이는 늘 가슴에 반짝반짝 빛나는 배지를 달고 다녀 늘 궁금했다. 하루는 배지에 관해 물었더니 JC 회원이라고 하시며, 관심이 있냐고 하면서 친절하게 JC에 대하여 설명을 해 주었다.

　형님께서 회사 주 사무실을 경동시장이 있는 제기동으로 옮기시고, 사옥을 지으시면서 나도 자연스럽게 제기동으로 오게 되었다. 다시 용두동 서울사대 부지에 빌딩을 건축하시며 현장에 투입되어 허드렛일을 돕기도 하고, 회사 일을 보던 때도 언젠가는 JC 회원이 되고 싶다는 생각으로 JC를 공부하기 시작했다.

　빌딩이 준공되고 1층에 공실이 있어서 조심스럽게 형님한테 "이곳에 피아노 대리점을 열면 어떻겠냐!"라고 말씀을 드렸더니 흔쾌히 승낙해 주셨다. 그 당시는 피아노가 고가이고 수요층이 제한적이어서 어렵기는 했지만, 최선을 다해 회사를 키워 나갔다. 하지만 판매점 위치가 접근성이 떨어지고, 지명도가 낮아 성적이 신통치 않았다.

좀 더 본격적으로 사업이 하고 싶어 악기상과 피아노사가 밀집해 있던 종로2가 파고다 아케이드에 있는 바인바하 피아노 본사 매장을 인수해서 운영하게 되었다. 피아노나 음악에 능력이 없고, 사업 초년생이다 보니 전문가가 필요해 전무 1명, 상무 1명, 조율사 2명을 두고, 매장을 이끌어 나가면서 종로 JC에 가입을 했다. 지금 생각하면 철없는 짓이었다. 그러면서도 사업에 도움이 되길 바라면서 최선을 다했고, 그런대로 사업이 진행되었다.

'JCI(Junior Chamber International)' 정회원이 되고 나니 그동안 경험해 보지 못한 조직에 푹 빠졌다. 몰입하게 되니 많은 시간을 빼앗기고 돈도 많이 필요했다. 1981년 JCI 월드 콩그레스가 서울 신라호텔에서 개최되어 참석해 보니 우물 안 개구리요, 촌놈이 신세계를 경험하게 됐다.

같은 회원이라는 이유 하나로 세계 각국에서 온 젊은 친구들과 어깨동무를 하고, 명함을 나누고, 각국에서 준비한 선물을 교환하고, 각국 전통주를 나누어 마시고, 적어도 그 안에서는 세계는 하나였다. 참 놀라운 경험이었다. 그해 내가 소속되었던 장충 JC가 서울지구 회원대회 주관 로컬이었고, 대회 준비로 눈코 뜰 새 없이 바쁜 시간을 보내고 있었다.

장충동 국립극장 대극장에서 개최된 서울지구 청년회의소 회원대회

사회를 맡아 정말 멋지게 행사를 진행하고 나니 유명인사가 되었고, 주변의 칭찬에 우쭐하여 젊은 기분에 조직에 더 몰입하게 됐다. 1986년도 장충 JC 회장을 역임하고, 1987년도 서울지구 JC 연수원장을 역임하고, 1988년도 연수원 교수가 됨과 동시에 한국청년회의소 훈련원장을 역임했다.

젊은 날 금쪽같은 시간을 다 날려 보내면서도, 반성은커녕 그것이 전부인 양 우쭐대고 다녔으니, 사업은 골병이 들고 가족들한테는 버림받기 일보 직전이었다. 돌이켜 보면 피아노사를 하기 전, JC 회원이 되기 전에는 먹지 못하던 술과 담배, 향락 생활에 빠져 탕자가 돼 버렸다. 허구한 날 술에 취해 외박하고, 연수를 핑계로 전국을 돌아다니고, 있는 시간 없는 시간을 다 쓰고 다니며, 놀기에 바빴으니 가족들 눈에 내가 어떤 모습으로 보였을지 한심하기 짝이 없었다.

후회는 안 하지만 지금 다시 시작한다면 조직 생활과 사업 그리고 가정에 적절히 시간을 배분하고 우선순위를 잘 지켜 어느 쪽이든 긍정적인 평가를 받고 싶다. 꿈만큼이나 혼란스럽던 질풍노도의 시절을 참회하고 앞으로는 잘 살아 보겠다고 다짐하며 용서를 구해 본다.

왜 사람들은 용서하고 화해하지 못할까?

부서지고 갈라지고 터지고 찢어진 온 마음들을 치유하고, 회복하기 위해서 노력을 하지 않는다. 필자도 마찬가지다. 사회적협동조합 혜민서에는 약 80명 어르신이 계신다. 매주 밑반찬을 배달하면서 안부를 확인하고 도와드릴 일이 있는지 확인한다.

80분 어르신 중에서 할아버지가 절반, 할머니가 절반이시다. 이분들을 케어하다 보면 확실히 다른 점이 여러 가지가 있다. 우선 가족 관계이다. 혜민서는 홀몸 어르신을 원칙으로 하기 때문에 다 홀로 사신다. 할머니들은 깊이 들여다보면 가족이 있는 경우가 많다. 다만, 함께 살기가 불편하고 거리가 멀고, 경제적인 이유가 대부분이고 가족 관계가 해체되었거나, 혼인 관계가 해제된 경우는 많지 않다.

많은 분들이 남편과 사별 후 혼자서 사시고, 절대로 요양병원이나 요양원에는 안 가시겠다는 신념은 확실하고, 장례 문제는 걱정하지 않으신다. 주거환경도 대부분 깔끔하게 정리 정돈이 되어 있다. 드시던 밑반찬도 보관을 잘하셔서 버려지는 일이 없고, 조금만 도움을 드리면 편하게 사신다.

한두 분 사용하시던 물건이나 주워 온 물건을 쌓아 두고 버리지 못하는 분들은 집안이 난장판이다. 따라서 원수지간도 없고, 용서하거나 딱히 화해해야 할 대상도 많지는 않다. 세상을 원망하지도 않고 남의 탓도 하지 않는다. 반대로 할아버지들은 온전히 혼자이다. 가족관계가 단절되고 친척이나 형제간 왕래가 없고, 경제적으로도 어렵고, 희망도 없다.

대부분 본인의 귀책으로 오늘의 환경을 만들었다. 사업실패, 배신, 젊음을 과신하고, 미래를 위한 준비 부족, 외도 등 사연도 많고, 핑계도 많지만 어쨌든 고독한 노후를 보내고 계신다. 고집스럽고, 아집이 강하며, 남 탓을 하고, 죽일 놈이 많다. 용서와 화해는 생각도 하지 않고, 자기 잘난 맛에 산다. 할 일을 미루고 설마 나한테 그런 일이 생기겠어! 하며 안일하게 생각한다.

집 안은 정리가 되지 않고 물건은 버리지 못해 난장판이다. 얼마 전 장례를 모신 김 모 어르신은 이불 전기장판 위에 또 이불을 켜켜이 쌓아 놓고 그 위에서 주무시고 먹고 사시면서 방 안 가득 물건을 쌓아 놓고 사셨다. 하시는 일이 폐박스를 줍고 고물을 수집하는 일이라 백번 이해를 하려 해도 이해할 수가 없는 분이었다. 필자가 수없이 찾아뵙고 집 안 청소와 집수리를 해 드리겠노라고 권했지만, 그 고집은 꺾을 수가 없었다. 참을성 많은 필자도 방 안에 들어가 상담을 포기할 정도로 악취가 났었다.

할아버지들은 장례에 진심으로 걱정이 많으시다. 장례를 집행할 사람도 찾아올 사람도 없어서 무연고 처리가 될 수밖에 없는 분들이 대부분이시다. 젊은 시절 삶은 알 수가 없다. 어쩌다 이 지경까지 이르렀는지 알 수는 없지만 안타까운 일이다.

예전부터 남자는 사냥을 잘하고 운전을 잘하며 길을 잘 찾고, 가족

부양이라는 책임을 지고 살다 보니 외향적인 반면, 여자는 가사에 능해 정리 정돈을 잘하고 서랍 속에 속옷을 잘 찾으며, 주변을 잘 챙기는 내조적이라서 그런지는 모르겠지만 어쨌든 연세 많으신 어르신들도 확연히 다르다. 엔딩노트 강좌에 참여를 독려하고 이제부터라도 고쳐보자고 이야기해도 마이동풍이다.

혜민서에서 개최하는 강좌는 홀몸 어르신들께 맞춤형 강좌이다.

1. 웰다잉을 위한 웰빙
2. 실버경제 컨설팅
3. 보이스피싱 예방법
4. 사전연명 치료 의향서 작성
5. 사전장례식
6. 키오스크 사용법
7. 생애 마지막 여행

등 어르신들께 꼭 필요한 내용이다.

이러한 내용은 인생의 사계절 중 가을에 접어든 우리한테만 해당되는 이야기는 아니다. 떨어지는 감이 순서가 없듯이 지구별 여행의 종점은 아무도 예측할 수 없는 신의 영역이기 때문이다. 아무것도 준비하지 않은 갑작스러운 다잉은 뒤에 남은 가족이나 자신을 위해서도 바람직하지 않다.

축복받지 않은 출생이 어디에 있고 최선을 다하지 않은 삶이 어디에 있는가?

'아모르파티!'

내 삶을 온전히 내가 책임지고, 마무리하기 위해서 한 번쯤 시간을 내어 고민해 보길 권한다.

내려놓음에서 꽃피는 행복

이계선

이메일: awgmdc@naver.com
블로그: https://m.blog.naver.com/awgmdc

배움과 육성을 좋아하는 필자는 교육학 석사를 거쳐 교육회사에서 연구, 자료 및 프로그램 개발, 강의를 하고 있다. 저서로는 《학부모 99%가 모르는 구글과 아마존에서 필요한 인재로 키우는 법》, 《무심에서 감성으로(마음에 핀 꽃)》, 《내면의 평화를 위한 화해와 용서》가 있다.

27여 년간의 현장 교육 경력과 조직 관리력을 발판 삼아 중장년의 활동적이고 행복한 시니어라이프 플래닝을 돕는 평생교육사의 길을 걷고자 한다. 자격으로는 평생교육사, 인적자원개발사, 직업능력개발훈련교사/평생직업교육, 노인심리상담사, 문학심리상담사, 바리스타, 캘리그라피 등의 자격을 보유하고 있다.

50의 나이와 20년의 직장 생활을 훌쩍 뛰어넘었어도 직장 내 관계의 갈등으로 고통에 휩싸인 친구! 너의 이야기를 써 내려가면서 나를 보았다.

 상대와의 과거, 그리고 나와의 미래 사이에서 행복을 위한 중재가 필요했다. '내려놓음으로 나를 용서하는 것'이었다. 그로 인해 하루하루가 눈물 나도록 행복한 순간들의 연속이다.

 나는 바란다. 이 글이 치열하게 인생 레이스를 달리는 중년들에게 '내려놓음'의 의미를 다시 생각하고, '행복한 당신'을 향한 발돋움이 되기를.

1. 새끼 호랑이

　아침에 제일 먼저 출근하여 사무실 문을 열고 들어가는 너의 얼굴엔 미소, 가슴엔 열정이 가득하다. 어린 시절 시골에서 마당을 청소할 때 아버지나 형이 시키면 가운데만 쓸었지만, 네가 알아서 할 땐 추운 겨울에도 구슬땀을 흘리며 구석구석 신나게 쓸곤 했다. 누구보다도 아침에 일찍 일어나 무언가를 하는 것이 소소하지만 확실한 행복이었다.

　선생님이 꿈이었던 너는 교육 회사에 들어갔다. 계약직이었다. '미약한 시작보다 창대한 나중'이 너에게는 의미가 더 있었지. 그 후 정규직이 되고 본사로 발령받았다. 자신감과 자부심도 대단했지. 주어진 일이라면 어떻게든 잘하려고 애를 썼다. 너의 마음에는 '멋진 완성'이라는 목표가 항상 꿈틀거렸기 때문이다.

　어느 무더운 휴일, 에어컨은 꺼지고 선풍기마저 고장 난 사무실. 실내 환풍기를 바닥에 뒤집어 놓고 땀을 식히며 자료를 만들고 연구하던 일은 지금도 대견스럽다. 그러한 노력의 결과로 칭찬받고 인정받는 너는 춤추는 고래가 되었지. 무엇보다도 너의 손에 의해서 완성된 자료가 누군가에게 의미 있게 사용된다는 것이 참 뿌듯했던 거야.

　시간이 지나면서 담당 부서장과 함께하는 시간이 많아졌다. 삶에서 일이 중심인 부서장과 너는 호흡이 잘 맞았지. 퇴근 후 술자리에선 사적인 이야기도 있었지만, 대부분은 회사 이야기, 직장인의 자세 그리고 비전 이야기였다. 요즘 말로 라떼 이야기이지만 직장인들의 저녁 순댓국은 대학시절 짬뽕과 같은 미묘한 역할을 했다. 순댓국 국물과 소주. 추가되면 추가될수록 회사의 비전과 꿈은 마음속 깊은 곳에 차곡차곡 쌓여 갔지.

업무상 지방 출장도 많았다. 짧게는 이틀, 길게는 일주일간의 일정이었다. 아이들이 항상 마음에 걸렸고, 전화를 하면 아빠가 보고 싶다며 울던 큰아이의 생떼는 몇십 년이 지난 지금에도 가슴이 아리다. 하지만 너에게는 일의 성과와 직장에서 인정받는 것이 우선이었지. 그러한 너는 일명 '틀면 나온다.'라는 별명까지 붙으며 그야말로 잘나갔지.

너에 대한 주변의 평은 '성실', '능력', '기대주'였고 한 선배님은 너를 '새끼 호랑이'라고 하였지? 그렇게 말한 그분은 10년 후의 너의 일을 내다보고 있었던 것은 아니었을까. 너는 그 선배님을 잘 따랐다. 그분은 장인(匠人)이셨다.

그런 너는 사원에서 대리, 과장, 차장 승진까지 시냇물 위에 종이배 실려 내려가듯 막힘이 없었고, 어느덧 초급 리더의 자리에 오르게 되었다. 회사가 한 직원에게 리더 자리를 줄 때는 그 사람의 직장 마인드, 근무 태도, 업무 능력 그리고 주변의 평을 인정한 것이 아닐까. 좋은 태도와 노하우를 후배들에게 전하고 회사의 발전에 기여하라는 의도지.

비즈니스 리더의 역할은 성과 창출이다. 당연히 조직원들의 업무몰입과 만족도 관리도 빼놓을 수 없다. 그래서 조직관리가 리더 역할의 핵심인데, 본인 마인드도 관리하기 어려운 초급 관리자가 여러 사람을 동기 부여하며 이끌어 간다는 것은 쉬운 일이 아니었다. 특히, 사람과의 관계 속에서 발생하는 문제는 강의나 책에서 듣지도 보지도 못한 일들로 허다했다.

너는 교육을 좋아한 사람이었다. 최고의 교육자가 되겠다며 직장을 다니면서 교육대학원에도 진학하여 배움의 끈을 이어 갔다. 조직원들을 실력 있는 사람들로 키워 주고 싶어 했다. 회사라는 조직에서의 생존 전략은 남들보다 능력이 뛰어나야 하며, 그 능력 개발을 위해 노력하는 것은 당연하다 믿어 왔고 그렇게 커 왔다. 그런 너의 신념에 열정이 더해졌지. 조직원들의 업무를 열심히 챙기며, 본인의 노하우를 전달하고, 후배들이 힘들어해도 너는 비 오는 날 우산 쓰고 배고프면 밥 먹듯 당연히 여기고 확신 있게 추진해 나갔지.

2. 어느새 불편해진 감정들

대학을 졸업하고 우리는 직업을 갖는다. 취업하든 개인 사업을 하든. 그곳은 자기 능력을 발휘하여 생계를 해결해 나가는 삶의 터전일 뿐만 아니라 자아실현의 장으로 자신과 직장의 발전을 위해 역할과 책임을 다한다. 그래서 직장은 '제2의 가정'이며 삶의 한 부분이라고도 한다.

직장이라는 조직에는 짧게는 20년, 길게는 30년의 세월을 서로 다른 환경에서 보낸 사람들이 모여 있다. 그리고 하루 8시간 이상을 함께 일한다. 서로 한마음이 되어 좋은 팀워크를 발휘하면 즐거움과 성취감도 있다. 하지만 상사, 부하, 동료라는 관계 속에서 때로는 오해, 갈등, 미움, 분노라는 싹도 트게 된다. 그러한 이슈가 많은 직장인에겐 스트레스가 되고 퇴사 주요 원인이 되는 걸 보면 쉽게 여길 문제는 아니다.

그 관계의 굴레 속에서 너 또한 허우적댄 것을 나는 잘 안다. 어둠이 내린 저녁이면 너는 술 한잔 들어간 얼큰한 목소리로 나에게 전화하곤 했지. 그리고 직장 타령, 사람 타령, 신세타령을 하면서 화를 내기도 하고 울먹이기도 하였지. 사람은 누구나 마음속 깊은 곳에 '그늘'을 갖는다 하였는데, 너의 5년이 그러했다. 긴 시간이었다.

MZ세대에 대한 이해와 동행은 쉽지 않았지. 한 연말 회식에서 너는 파이팅을 응원하는 마음으로 후배에게 술 건배를 권했지. 평소 힘들어했던 후배를 위한 마음이었는데, 며칠 후 너의 행동은 부적절함으로 소문났고 공개 사과까지 했다고 들었어. 의도치 않게 엉뚱한 결과를 초래한 너의 행동에 스스로 반성과 후회를 했지만, 참 씁쓸했을 것이다. 생각의 차이에 많이 놀랐고 그런 관계에 섭섭했고 분노의 고리까지 연결되었지.

리더들은 이전에 잘나갔던 사람들이며, 본인의 성공 방식에 익숙하지. 그들은 상급자를 잘 챙긴다. 출근은 빠르고 퇴근은 늦다. 근무태도는 누가 있건 없건 보든 안 보든 관계없다. 신독(愼獨)의 자세다. 업무보고는 자존심이다. 자료는 몇 번이고 검토하고 결재자의 질문도 예상을 하고 보고에 들어간다. 상사와의 소통은 자주, 그리고 미주알고주알이다.

그 성공 방식들, 틀린 것도 잘못된 것도 없다. 하지만 그 방식을 후배들에게 기대하면서 리더는 일명 꼰대가 되어 버리고 만다. 꼰대는 본인과 갈등 관계에 있거나 자기 기준에서 벗어난 사람들을 자주 떠올리곤 한다. "어떻게 할까? 어떻게 하면 좋은 관계로 회복될까?" 복잡한 생각은 평일이고 휴일이고 머리에서 떠나질 않는다. 너도 예외는 아니었지. 심하면 심했지 덜하진 않았지.

직장에서는 상사의 마음을 잘 헤아려야 성공한다고들 한다. 하지만 시시각각 변하는 사람의 마음을 알기는 쉽지 않다. 특히 생각이 많고 회사를 생각하는 상사는 더 더욱 어려울 것이다. 그런데도 상사 입장에서는 '일 잘하고 불평하지 않고 말 잘 따르는 사람'이 좋은 부하 직원으로 보일 것이다. 아니 편한 사람으로 여겨질 것이다.

하지만 너는 네가 옳다고 생각한 일에는 고집이 앞서곤 했지. 때로는 상사가 고민하는 일에 관심을 보여 주기보다 네가 중요하다고 생각하는 일에 집중을 더 하였지. 상사에게 너는 부담스럽고 아쉬운 새끼 호랑이였을 것이다. 사람의 관계에서 나에게 '관심' 가진 사람을 좋아한다는 것은 인지상정(人之常情)이지 않던가.

남자 직장생활의 에너지는 뭐니 뭐니 해도 진급인데, 너는 언젠가부터 연거푸 고배를 마셨지. 나이 50을 바라보는 남자가 명함을 자신 있게 내밀지 못하는 이유를 그때 처음 알았다고 했다. 게다가 나름 회사에서 무게가 있는 팀을 맡고 있었는데, 후배들에게 진급도 밀리고 사이드 팀으로 인사이동이 되면서 너는 사람을 피하게 되었지. 혼자 있는 시간과 장소를 남몰래 찾아 다녔지.

술 한잔 걸치고 퇴근길에 네 눈에 보이는 회사 간판은 아무리 멀어도 항상 밝고 크게 빛났다. 그 건물을 향해 '충성'하며 거수경례까지 하였던 너였는데. 고개 떨군 너의 모습이 지금도 생생하다.

너의 스트레스, 사람의 미움이 최고조에 달하는 날이면 너는 자신을 탓하곤 했지. 리더십의 부재라고. 능력의 부족이라고. 리더의 자리를 내려놓고 싶다고. 어느 날 누군가 연차를 내고 사무실에 없는 날이면 마음이 가볍고 좋다고 하는데 너도 예외는 아니었어. 보기만 해도 심장이 빨리 뛰고 가슴이 답답해지는 그런 사람과 얼굴 마주하는 것 자체가 너에게도 고통이었을 것이다.

아이들은 심리적으로 위축되면 엄마 뒤로 숨거나 자기 방에서 나오질 않는다. 직장인들은 어떨까. 주변 사람의 시선을 싫어하고 심리적 부담감을 참지 못해 사무실 밖으로 뛰쳐나간다. 그리고 옥상이나 길모퉁이에 홀로 앉아 담배를 피운다. 가슴 최남단 깊은 곳까지 연기를 빨아들인 후 답답함을 하얀 연기에 얹어서 저 멀리 내뿜는다.

너는 담배 대신 술이었지. 담배는 내뿜지만, 술은 들이마신다. 복잡한 생각을 멈추게 하는 술을 좋아했다. 네가 힘들어하면서도 안타까워하는 부하직원이 언젠가는 변할 거라는 기대감을 술잔에 따르고 마시고 따르고 마시고.

3. 상처와 고통의 뒤안길에서

  우리는 살아가면서 운동 한 가지 정도는 한다. 운동하는 이유는 건강, 스트레스, 다이어트 관리 등 여러 가지겠지만 너의 경우는 '복잡한 생각과 고민을 잊고 비우기'였다. 테니스를 다시 시작했다. 테니스는 워낙 민감한 운동이기에 모든 순간이 집중이다. 집중을 하다 보니 머리나 가슴 속에서 꿈틀거리는 반갑지 않는 감정에서 멀어질 수 있어 좋았다. 하지만 그 운동도 주말 몇 시간뿐이었다. 게다가 비나 눈이 오는 날이면 그 짧은 시간과 기회마저 사라져 버린다.

  너는 마음을 달래고 평화롭기를 바랐다.

  평화로운 마음을 갖게 해 달라고 누군가에게 간절히 부탁하고 싶어 했지. 그건 아내에게도 할 수 없는 부탁이었다. 찾았다. 십자가에 못 박힌 모진 고통 속에서도 우리에게 끊임없는 사랑 실천을 당부하시는 하느님이었다. 그분에게 출근 전에 기도하였지.

"하느님, 그 사람을 미워하지 않게 하소서."
"하느님, 그 사람을 원망하지 않게 하소서."

  그러나 직장에 도착하면 상황에 따라, 마음의 변덕에 따라 흔들리는 감정들. 그럴 때마다 너 자신이 너무 싫었다.

겨울 어느 날 퇴근길, 소나무 아래 미소를 품고 계시는 성모님 앞에서 너도 모르게 땅바닥에 그냥 엎드린 채로 울부짖기도 했지.

"하느님 저의 의지대로 하지 않게 하소서."

성모님은 답이 없으셨다.

3년이 다 되어 가도록 너의 문제는 해결되지 않고, 50의 나이를 넘기면서 정년퇴직은 코앞으로 다가왔다. 설상가상이었지. 아직 힘이 남아 있을 때 새로운 환경에서 새로운 시작을 생각했다. 중년 남자가 한 번쯤은 생각하는 퇴사였다. 그러나 남자가 뭔가를 하려고 할 때 여자들은 예리한 '촉'과 인공지능 '레이더'를 가동한다. 그리고 남자의 어설픈 생각과 용기를 보기 좋게 제자리로 되돌려 놓는다. 퇴사 계획은 철없는 이벤트로 막이 내려졌다.

너에게 임정희 심리학박사님이 소개되었지. 너는 아내에게 한동안 숨겨 왔던 이야기까지…. 개성상인처럼 한 보따리를 시원하게 풀어 재꼈다. 그분은 심리분석을 통해서 네가 어떤 사람인가를 점쟁이처럼 알아맞히며 왜 힘들고 괴로운지를 말씀해 주셨다. 에니어그램에 의하면 5번과 7번의 날개를 달고 있는 6번 남자, 즉 생각이 많고 완벽 추구자였고 안정 추구형이었다. 생각이 많으니 미래에 대해 걱정도 많았겠지. 그야말로 흔하지 않은 INTJ였다.

그 후 3번의 개인 상담을 받았지. 돌이켜 보면 그 시간이 너에겐 삶의 전환점을 만든 귀중한 시작이었어. 50년을 살고 나서야 너를 제대로 조금씩 알아 간 거지. '알면 보이고 그때 보이는 것은 전과 같지 않다.'라는 말이 그때의 너에게 딱 맞는 표현이었어. 네가 너 스스로를 힘들게 만들어 가는 사람. 네 고통의 범인이라는 것을 알게 된 거지. 무엇보다도 네 마음속에 있는 감정들을 비우는 게 관건이었지. 비워야 채울 수 있기에.

상담을 통하여 알게 된 또 하나의 소중한 정보가 있었지. '책'은 전문가가 쓰는 것이 아니라, 전문가가 되기 위해 쓴다는 것. 그리고 책 쓰기를 통해 본인의 생각과 경험을 끄집어내면서 자신을 되돌아볼 수 있다는 것이었다.

너는 마음먹으면 성실히 끝까지 해내는 성격이지. 책 쓰기 컨설팅을 받으며 거의 4개월간 새벽, 저녁, 주말을 이용해 첫 집필에 올인하였어. 그때부터 너의 하루 시작은 새벽 5시가 되었어. 남보다 일찍 시작하는 습관으로 《학부모 99%가 모르는 구글과 아마존에서 필요한 인재로 키우는 법》을 출간하면서 여러 생각을 하였지. 교육과 사회 현상, 아이들의 성장 과정과 그 속에서 아빠와 엄마의 역할, 그리고 중요한 너 자신과 직장 생활.

임정희 박사님께서 교장선생님이신 '심청이 학교' 프로그램에서 너는 윤보영 시인의 '감성 시'를 만나게 되었지. 감성 시는 자연을 보고, 사람을 보고, 물체를 보고 아름다운 생각을 하는 것이다. 시의 마무리 부분에서는 상대방을 시의 주인공으로 초대하여 묘사한다. 그 묘사는 그리움, 아름다움, 사랑, 감사의 마음이다. 그런 메모를 반복하다 보니 좋은 생각, 긍정적인 감성이 살아났지. 청계천을 따라 걸으며, 사람을 생각하며, 사물을 보며 내가 메모한 100여 편의 어설프지만 소중한 시들! 그 시상(詩想) 속에서 너는 자연을 보면 아름다움이 자동으로 생각되듯 사람을 생각하면 미움 아닌 사랑의 마음이 무의식적으로 점화되기를 바랐을 것이다. 그것은 너에겐 보약 같은 시간이었고 건강한 자극이 되었을 거야. 공동 시집 《무심에서 감성으로(마음에 핀 꽃)》를 출간하면서 너 또한 꽃이 되었다.

그렇게 운동하고 기도하고 책을 쓰고 아름다운 감정도 연습했으니 모든 게 뜻대로 잘 풀리면 좋을 텐데. 감정의 변덕이라는 게 그리 쉽게 진정되지는 않았지. 쉽지 않았지….

우리 삶에서 습관은 참 무서운 것이다. 조금씩 조금씩 굳어져 가는 습관은 알게 모르게 우리 삶을 지배한다. 잘못된 자세는 거북 목을 만들고, 인스턴트 식습관은 건강을 해친다. 너는 밝은 바깥 사회에서 처리 못 하는 것을 술이라는 언더그라운드에서 해소하려는 습관이 굳어졌지.

너는 사람에 대한 감정의 변덕이 출렁일 때면 그대로 집에 돌아가지 못했지. 어떻게든 풀어야만 했다. 그래서 술을 마시면서 이런 저런 생각을 하고 술잔을 앞에 놓고 다짐하곤 했다.

"이해하자. 미워하지 말자. 내일은 좀 달라질 거야."

미움과 분노가 차오른 만큼 술의 양은 늘어만 갔지. 해가 저물어 가는 어제도 오늘도 맨날 술이었다. 무려 4년 동안이었다.

술도 음식이라 하지만, 과유불급이 아니던가. 네 아내도 자식들도 너의 술에 지쳐 가고 있었다. 네 몸에도 변화가 생기기 시작했다. 말이 어눌해졌다. 기억이 잘 나지 않았다. 눈 실핏줄이 자주 터지고, 혈변도 보이고. 간 질환 증상 r-GTP는 기준치 세 배를 넘은 160, 콜레스테롤도 236을 넘고 있었다. 혈압은 약을 먹고도 140을 넘나들었다. 더 한심한 것은 그러한 위험 수치를 6개월마다 실시하는 혈액검사를 통해서 확인하고 의사의 경고를 들으면서도 일상의 변화는 없었던 거야. 술은 어느새 네 삶을 병들게 만들고 있었다.

고대 그리스의 의성(醫聖) 히포크라테스께서 말씀하신 'I am what I eat(내가 먹는 것이 바로 나)!'라는 참뜻을 알았어야 했다.

4. 바꿀 수 없는 과거, 그리고 타인

　우리는 자기완성이라는 종착역을 향해 미완의 여행길을 걷는 사람들이다. 긴 여행 동안 '소리에 놀라지 않는 사자와 같이, 그물에 걸리지 않는 바람과 같이, 흙탕물에 더러워지지 않는 연꽃과 같이, 무소의 뿔처럼 혼자서 갈 수 있는 사람'이 되기를 바란다. 하지만 여전히 미완성이고 불완전한 나란 사람의 바람일 뿐. 크고 작은 소리에 경기를 일으키고, 수많은 그물에 발이 걸려 넘어지며, 머리부터 발끝까지 더러운 흙탕물을 뒤집어쓰는 일이 허다하지 않은가.

　네가 그러했다. 한 회사에서 27년째 지내 오는 과정에서 다른 사람 못지않게 노력했고, 인정도 받아 온 사람이었다. 그러나 100세의 반환점에서 이렇게 긴 시련과 아픔과 고통이 올 줄 누가 알았겠는가? 공자께서 말씀하신 지천명(知天命), 하늘의 뜻을 알고 그에 순응하거나, 하늘이 만물에 부여한 최선의 원리를 알기에는 아직 멀어 보였다. 너를 조절하고, 수신(修身)하기에도 벅찬 시간이었다.

　너는 분노와 미움에서 벗어나려고 뛰고 기도하고 상담받고 글 쓰고 감성을 달래 보고 술에 의지하기도 하였다. 하지만 네가 아무리 발버둥을 쳐도 변한 것은 의외로 없더라. 한마디로 너 혼자 북 치고 장구 치고 굿이란 굿은 다 해 본 것이었다.

떨리는 마음으로 치는 북과 장구 소리를 오히려 즐거운 타악기 연주라 생각하고 그 장단에 춤추는 그들을 보면서 너의 분노와 미움의 소용돌이는 오히려 더 요동쳤지. 마치 고장 난 벽시계가 시도 때도 없이 종을 때려 치듯. 그 점이 때로는 너를 더 힘들게 했을 것이다.

네가 힘들어하는 사람들은 마치 좀비처럼 네 마음에 딱 달라붙어 불쑥불쑥 나쁜 기억을 상기시키고, 평온한 일상을 뒤집어엎고, 자존감을 훔치고, 너의 시간을 흔들어 놓았어. 그들은 가만히 있는데 미움이 가득한 좀비가 되어 가는 너는 다른 사람을 물어 전염시킬 수도 있다는 불안감까지 들었다. 그대로인 상태로 너는 행복해질 수 없다고 생각했지. 분노와 미움의 고통에서 벗어나기만을 바랐지.

"계속 화를 내는 것은 누군가에게 던지려고 뜨거운 석탄을 손에 쥐는 것과 같다. 결국 그것에 데는 사람은 바로 자신이다."라는 부처님의 말씀이 유레카의 순간이었다. 거울 속의 자기 모습을 뚫어지게 보며 못난 점을 찾고 있는 사람은 바로 나 자신뿐이라는 것을 깨닫는 순간이었다.

다시

이계선

나는 다시 알았다
사람은 바뀌지 않는다는 것을

나는 다시 보았다
그래도 바뀌길 바란다는 것을

나는 이제 알았다
오히려 나 하나 돌아섰으면 좋았을 것을

그리고
다시 평화로운 나를 본다

그리고
다시 사랑스런 너를 본다

5. 내려놓음이 행복이었음을

놀이터에서 그저 신나게 뛰고 구르고 밀고 당기는 아이들을 보면 다치지 않을까 걱정이 된다. 그렇다고 놀이터에 나가지 못하게 막을 수는 없는 일이다. 우리 어른들에게도 사회관계 생활에서 '미덕'도 있지만 피할 수 없는 '상처'들도 있다. 아이들의 놀이터 상처에는 엄마 약손이 있지만, 성인들이 사회생활에서 받는 감정 상처에는 엄마 약손은 물론이고 처방도 어렵다. 어른이라는 이유로 사회적 위치라는 이유로 우리는 자신의 감정 상처를 방치한다. 결국 그 상처에 분노, 미움이 온몸으로 번져 급기야 찢고 짜내야 하는 시술까지 가는 것이 아닐까.

글을 쓰며 너를 통해서 나를 보았다.

나는 너무 잘하려는 사람이었다. 완벽하지 못함에 대해선 나의 잘못을 탓하고 나의 모자람이라며 자책했다. 주변과 상대에 대한 기대도 높았고 그만큼 실망도 컸다. 또한 내가 하는 일에 누군가의 관심이 약하거나 없으면 나의 날갯짓은 멈추고 땅에 곤두박질치고 말았다. 다시 날겠다는 각오로 아픈 몸을 힘없는 날갯죽지로 세우며 다시 일어서곤 했지만.

완벽함, 자책감, 인정욕구가 내 분노와 미움의 출발점이었다.

달라이 라마의 말씀을 되새겨 보았다. "나를 고통스럽게 만들고 상처를 준 사람에게 미움이나 나쁜 감정을 키워 나간다면, 자기 마음의 평화만 깨어질 뿐이다. 하지만 그를 용서한다면 내 마음은 평화를 되찾을 것이다. 용서해야만 진정으로 행복할 수 있다." "용서는 적을 향한 심리적 적선이 아니라 나의 고요함과 평상심을 회복하겠다는 나의 자유로운 의지입니다."라는 어느 신부님의 말씀도 가슴에 깊이 와닿았다.

우리는 과거로 돌아가 그 분노를 유발한 사건이나 상황을 바꿀 수는 없다. 다만 과거에 대한 나의 태도와 생각을 바꿀 수 있다는 것. 상처는 남아 있다 하더라도, 이를 어떻게 받아들이느냐에 따라 내 삶은 달라질 수 있음을 깨닫게 되었다. 그동안 내 안에서 살아 움직였던 분노는 상대방이 아니라 '나 자신'이었음을.

아픔을 잊기도 하고, 끌어안고 원망하며 목 놓아 울어 봐도, 일시적 해소일 뿐이었다. 나는 나를 바꿔야 했다. 먼저 내 생각을 바꾸는 연습이 필요했다. 스스로를 피해자라는 상태에 가두고 있는 증오와 분노! 내 의지 없이 내 가슴을 파고드는 상대에 대한 상상과 의심! 그러한 나 자신을 용서하고 나 자신과 화해하는 것이었다. 용서란 그 행동을 용서하는 것이 아니라, 우리 모두에 내재한 불완전성을 용서하는 것이라고 했다. 완벽하지 않은 나에 대한 너그러운 마음이다.

심리학의 금언(金言) 중에 '만약 당신이 지금 행복을 느낄 수 없다면 그것은 스스로를 용서하지 않기 때문이다.'라는 말이 있다. 나 스스로를 용서함으로써 고통의 저수지에서 빠져나오는 해방이다. 나를 내려놓음으로써 나를 용서하기로 했다. 내려놓는다는 것이 관계나 일에서 손을 떼고 무관심하게 산다는 의미가 아니다.

그것은 내가 가진 관계의 고통을 내려놓는 것이다. 철학자 아들러가 말하는 '과제분리(課題分離)'에 대한 실천이다. 나는 내가 하는 일에 항상 최선을 다할 것이다. 단, 그 일에 대한 상대방의 평가는 상대방의 역할임을 인정한다. 나와 상대는 서로 다른 사람이니 생각이나 관점이 같을 수가 없는 법이다. 한 사람의 사고와 행동 패턴 안에는 어린 시절부터 지금까지 지내 온 여러 경험이나 환경의 영향을 받아 형성되었다고 했다. 그들의 행동은 지금까지 살아온 인생을 반영하는 것인지, 나를 괴롭히기 위해 지금 만들어진 것은 아니었다.

직장상사의 사고와 행동에 대해 불만을 가지고 괴로워했던 것이 참 무모한 짓이었다. 때로는 후배의 성격을 바꾸려는 시도는 충돌이 되었음을 깨달았다. 차라리 부하를 '키워 주려고' 애쓰지 말고, 나의 노하우를 '나눠 주려고' 생각했으면 서로 부담 없이 주고받았을 텐데, 지나고 보니 아쉽기만 하다. 만약 그들에게 마음의 상처가 있었다면, 비록 지면이지만 진정으로 용서를 구하고 싶다.

그리고 이제 술잔을 내려놓는 것이다. 그동안 나의 습관이 잘못되었음을 깊이 깨달았다. 한때 절친이었지만 술로 해결된 것은 무엇이었던

가. 술은 나를 잠들게 하는 '죽음의 도구'였다. 술에 의지한 나의 분노, 미움, 섭섭함은 달래지지 않았다. 그래서 23년 1월부터 4개월간 술을 전혀 마시지 않았다. 매시간 깨어 있는 나의 시간과 삶에서 행복을 찾았고, 6년 동안 복용한 고혈압약도 중단 처방을 받았고 건강한 몸을 만들 수 있었다. 술에 의지해 낭비한 5년을 되찾을 순 없지만 또 다시 그런 '죽음의 시간'을 만들지 않을 것이다.

나의 내려놓음은 포기가 아니다. 시작이다. 나의 내려놓음은 단절이 아니다. 포용이다. 나의 내려놓음은 미움이 아니다. 사랑이다. 내려놓으니 눈물 나도록 행복한 순간들이 많다는 것을 알아 간다. 나태주 시인님은 '자세히 보아야 예쁘고 오래 보아야 사랑스럽다.'라고 하셨다. 이제 내 마음이 바뀌니 주변이 더 예쁘고 더 사랑스럽다. 함께 일하는 사람들도 그렇다.

물론 모든 사람이 항상 사랑스럽고 미움이 하나도 없다고 하기엔 아직 나의 수양이 넉넉지 못하다. 하지만 이전처럼 그 미움과 분노로 내 삶이 뒤틀리고 내가 없는 것이 아니다. 회복탄력성이 이전과는 다르다. 중년을 계절에 비유하면 '늦여름'에서 '늦가을' 사이라고 했다. 늦가을은 태풍이 가장 많이 찾아오는 계절이기도 하다. '마음의 태풍'을 경험한 중년기에 내 삶의 방식을 바꾸어 간다.

과거에 그려진 '선'이 아니라 내가 현재, 그리고 여기에 최선을 다해

'점'을 찍어 새로운 선을 만들어 갈 것이다. 이것이 하늘이 나에게 알려준 지천명(知天命)이라고 생각하고 인생의 전환점을 돌아가련다.

   이제 나는 알았다. 내려놓음이 행복이었음을.

   나의 행복은
너의 따뜻한 사랑이 되리라.

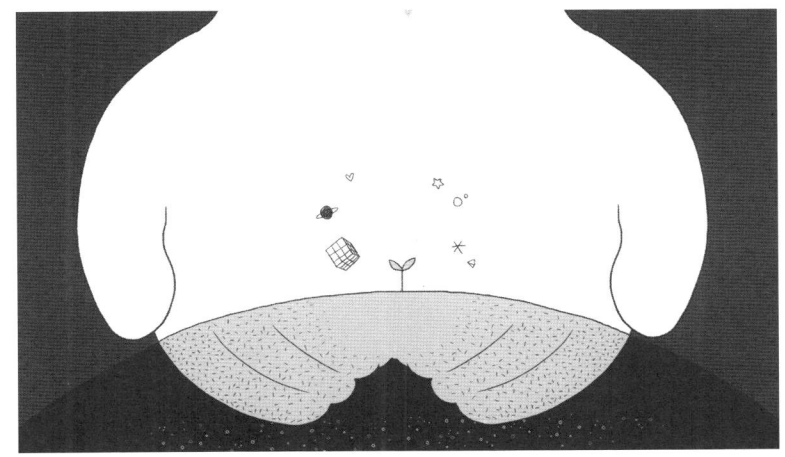

"화해와 용서"를 통한 오늘의 내 모습

정창교

이메일: jcgyo@naver.com
블로그: https://blog.naver.com/jcgyo
비영리 민간단체 사단법인 꿈꾸는 마을: www.dpnews.or.kr

경력

· 現) 비영리 민간단체 사단법인 꿈꾸는 마을 초대 대표이사/순복음평강교회 목사/국민일보 취재기자/크몽 전문가 등록/한국장애인고용공단 장애인인식개선사업 위탁수행

· 前) 국민엔젤스앙상블 단장/한국사회복지협의회 사랑나눔사업 운영위원장/장애인먼저실천상 운영위원/발달장애인 문화예술 전문지 꿈꾸는 사람들(통권 33권) 발간 사업

수상

· 정부포상 보건복지장관상

자격

· 사회복지사 1급, 안전지도사 1급

출간

· 《공정사회를 위한 문화복지》
· 《차별없는 세상》
· 《마이너리티의 희망노래》
· 《내면의 평화를 위한 화해와 용서》

1991년 11월부터 2023년 1월까지 국민일보 취재기자로 일했다. 자폐스펙트럼장애를 가진 아들과 같은 발달장애를 가진 청년들을 위해 영종예술단을 결성해 2011년 비영리 민간단체 꿈꾸는 마을 초대 대표 이사를 맡았다. 2019년부터 2022년까지 한국사회복지협의회 사랑나눔사업 운영위원장 등을 맡아 사회복지 발전에 기여해 왔다. 지금은 한국장애인고용공단의 법정 장애인식개선전문강사로 활약하고 있다. 기독교대한하나님의성회 소속 순복음평강교회 담임목사이기도하다. 2008년 현직 기자로는 최초로 인천공항 인근에 교회를 개척했으며, 2010년 목사안수를 받았다. 온라인 오픈채팅방 5080경험자산플랫폼(https://open.kakao.com/o/gbtgMA0e)을 운영하고 있다. 오픈채팅방 첫 강의에 왕초보 프롬프트엔지니어 무료강의를 개설해 30명으로부터 신청을 받고 30명 전원이 참여하는 기적을 경험했다. 인공지능을 활용해 이틀 만에 원고를 완성한 '감정 어휘 노하우'를 크몽에 등록해 '뚝딱 글쓰기', '뚝딱 유튜브'라는 신조어를 유행시켰다.

환갑, 뒷방 늙은이는 옛말

환갑이라니. 아직도 30년은 더 일해야 하는데 뒷방 늙은이가 될 수 없다. 60대, 70대, 80대가 부모로부터 물려받은 재산도 없고 자신들이 벌어 둔 재산도 없어 상당수는 스스로 벌어야 한다. 장애를 가진 자녀를 둔 부모들에게는 네 죄 때문에 아이에게 장애가 온 것이 아니냐는 유전적인 해석을 하려는 시선이 여전히 존재한다.

아버지는 기전증을 가진 사람이었다. 건강할 때는 탄광에서 일을 했지만 연중 절반은 기전증에 시달렸다. 발작할 때마다 혀를 깨물지 않기 위해 수건을 입에 물려 줘야 고통스러운 시간을 통과할 수 있었다, 그런 고통이 회오리처럼 지난 뒤에는 혀와 입술이 헐어 있었다. 그런 아버지는 초등학교 6학년 때 세상을 떴다. 그해 막내 동생이 유복자로 태어났다. 2남 2녀를 남기고, 33세의 어머니를 남겨 둔 채였다.

이번 책에서는 그동안 한 번도 꺼내지 않았던 어린 시절의 나를 찾아가 어린 나와 화해하고 용서하려고 한다. 아버지가 죽었다. 그해 앞집에 사는 같은 6학년 남학생이 자신의 집에 세 들어 사는 친척집에서 잠을 자자고 하더니 밤이 늦은 시간에 나에게 성추행을 해 수치를 안겨 줬다. 아버지는 세상에 없고 돌볼 사람이 없는 유년의 나는 이때 한동안 겉돌았다. 친구들과 어울리지 못했다. 공연히 동네 뒷골목을 돌다

익지 않은 떫은 감을 먹고 죽을 뻔한 적도 있다.

　아버지가 세상을 떠난 날은 눈물이 나오지 않았다. 상여를 멘 아버지의 친구들을 앞세우고 상주가 되어 공동묘지까지 가는 동안 한 방울의 눈물도 흘리지 않았다. 나중에 알게 된 일이지만 유리집을 하던 부모를 둔 친구와 아버지가 없는 나는 왕따였다. 친구와 중학교의 교실 창문의 깨진 유리창을 끼고 돌아오던 기억을 간직한 채 중학교 1학년 11월쯤 나는 고향을 떴다.

　어머니는 한동안 우리 곁에 없었다. 학비를 벌어야 했기 때문이다. 둘째 여동생은 이사하는 과정에서 어머니를 찾는다고 이모 집을 나와 버스를 타고 어디론가 사라졌다. 경찰에서 아직도 가끔 연락이 오지만 이후 둘째 여동생은 볼 수 없었다. 할머니가 살고 있는 도시빈민 지역이 새로운 거처가 됐다.

　다 쓰러져 가는 집은 지붕이 날아가지 않도록 흑색으로 변한 지붕 위를 몇 겹으로 감아 시커멓게 버티고 있었다. 큰방은 다른 사람이 살고 작은 방 한 칸에 의지해 폐지공장에 다니는 할머니와 같이 살았다. 폐지공장 보일러실에서 따뜻한 물을 받아와 이불 속에 웅크리고 한기를 견뎠다. 큰방에는 전기가 들어오는데 내가 사는 작은 방에는 전기도 들어오지 않아 호롱불을 켜고 살았다.

어느 날은 할머니가 일꾼 도시락에 납작 보리쌀이 가득 들어간 김나는 밥을 중학교로 가져왔다. 기초생활수급자에게 나오는 쌀 배급을 받았지만 쌀은 금방 동나고 납작한 보리쌀도 떨어지면 밀가루로 만든 수제비를 먹는 날이 많았다. 그날도 어린 마음에 부아가 나 아침도 먹지 않은 채 보리쌀만 가득 담긴 도시락을 가지고 가지 않겠다고 투정 아닌 투정을 부리며 학교에 갔다. 할머니를 보자 눈물이 났다. 도시락은 왜 그렇게 크던지. 이 밥을 먹고 나도 커서 노동을 하면서 살아야 할지 모른다는 생각이 들었다.

중학교 3학년 교실의 기억

친구들이 밥 한 숟가락씩 얻어 주던 날도 많았다. 학비를 제때 내지 못해 담임선생님이 내는 일도 있었다. 축농증이 심하게 찾아와 수업이 끝날 때까지 기다리지 못하고 화장실로 달려가야 하는 일이 계속됐다. 의료부조 혜택을 받기 위해 병원에 갔더니 커다란 봉지에 약을 가득 담아 줬다. 지금도 그 후유증으로 입 안이 텁텁할 때가 적지 않다.

중학교 3학년 어느 날 다니던 교회에서 교복을 입은 교회 중등부 학생들이 가정방문을 왔다. 교회에 낼 헌금이 없어 한 달 동안 주저하며 교회를 가지 않자 교회학교 친구들이 찾아왔다. 마침 내린 비로 마당에 물이 가득 찼다. 부엌으로 물이 들어오지 않게 버려진 시멘트 포대에서 시멘트를 털어 겨우 물을 막아 놓은 상황이었다. 방 안으로 교회 친구들이 들어왔다. 벽지도 도배한 지 오래돼 쥐가 천장을 오가는 소리가 자주 들렸지만 장판 바닥만 물걸레로 닦고 친구들을 맞이했다. 기도를 드렸다. 교회 친구들이 5,000원을 놓고 갔다.

다행히 나는 아버지처럼 지병이 없었다. 작은아버지와 배다른 작은아버지가 세상을 뜬 나이보다도 더 많은 나이가 됐다. 자폐스펙트럼장애를 가진 아들이 고등학교 3학년 졸업식장에서 피아노 연주를 하지 못한 것이 안타까워 시작한 것이 장애인예술단을 만든 계기였다.

2010년 나는 인천대교 1주년을 기념해 유엔의 날 장애인문화예술축제 총감독을 하면서 인천공항고 학생들이 자전거를 타고 인천대교 기념관까지 와 축제를 즐길 수 있도록 했다. 그 자리에서 아들은 피아노를 연주했다. 그 일 이후 우리 부부는 영종예술단을 만들었다. 2011년 사단법인 꿈꾸는 마을을 설립했다. 음악을 하는 발달장애인 청년들과 부모들이 중심이 돼 공연활동을 펼쳤다. 2014년 인천장애인아시아경기대회 때는 우리나라 장애인단체를 대표해 아시아장애인문화예술 국제세미나를 인천아시안게임조직위원회와 공동으로 추진할 정도로 성장했다.

스웨덴에서 본 것

 나는 장애인들의 문화예술 활동이 직업으로 발전해야 세금을 내는 시민이 돼 국가 및 지방정부의 부담도 총량에서 보면 줄어들게 될 것이라는 사실을 주장하고 있다. 장애인에게 일자리를 주면 그들을 지원하기 위한 비장애인 인력도 채용할 수 있게 돼 국가적으로 일자리 창출에도 유리하다는 점을 역설했다. 2009년 스웨덴 스톡홀름시에 대한민국 장애인 문화예술계 대표단의 일원으로 찾아가 장애인들이 주민들이 살고 있는 곳에 살면서 장애인문화재단의 지원을 받아 생활하고 있는 모습을 보게 됐다. 우리도 장애인들이 산속에서 살게 할 것이 아니라 자신이 사는 동네에서 살면서 문화예술을 향유하거나 직업을 갖고 살아갈 수 있도록 지원해야 한다는 논리를 펼쳤다.

 대전시교육청 초청 강연, 충남도교육감 초청 부모회 강연 등에 강사로 초청돼 발달장애인 통합교육의 필요성을 전파했다. 일본과 중국의 장애인 문화예술 지도자들과 만나 아시아 장애인들의 국제교류를 통해 발달장애인들이 문화예술 분야에서 일을 할 수 있는 여건을 조성하고 아시아 주요 3국이 각 국가에서 확인된 좋은 일자리에 대한 정보를 공유하자는 의견을 나누기도 했다.

 특히 나는 교육부 특수교육발전 3개년 계획 당시 부모대표로 검토

위원으로 활동한 경력을 살려 특수교육현장에 부모 대산 유급활동인력을 배치하는 특수교육실무원제도를 정착시키는 일에 크게 기여했다. 부모들과 특수교사들이 국가인권위원회를 점거해 밤샘 농성을 하는 등 오랜 기간 투쟁해 얻은 성과다.

 지난 2020년 6월부터는 사단법인 꿈꾸는마을에서 장애인활동지원센터를 위탁받아 운영하면서 중증장애인들이 24시간 돌봄을 받지 못해 센터마다 수익이 나지 않는다는 이유로 외면하고 있다는 사실을 파악하게 됐다. 노동부와 보건복지부가 중증장애인들의 삶에 대해 국가책임을 외면해서는 안 된다는 입장을 다시 한번 촉구한다. 120여 명의 장애인활동지원사가 연간 23억 원 규모의 바우처 사업에 참여하고 있지만 운영기관은 적자상태를 벗어날 길이 없어 반납의사를 밝히는 기관들이 쇄도하고 있는 것도 문제로 지적된다.

 취재기자로 미국 볼티모어를 찾아갔을 때 전신마비 장애인이 센터장 부재 시에 자신의 머리에 쓴 보조공학기기를 이용해 톡톡 문자를 찍어 전화번호를 저장하고 간단한 메모로 어떤 내용의 전화였는지를 알리도록 하고 일자를 만들어 급여를 주는 모습을 보고 우리나라도 중증장애인을 짐스러운 존재가 아니라 존엄한 인간으로 바라보는 인권의식이 필요하다는 생각을 하게 된다.

 2022년 한국장애인고용공단 위탁을 받아 5인 이상 사업장에서 발달장애인 연주자들과 함께 공연형 강사지원사업을 추진하면서 장애인이 일할 수 있는 직무는 장애인에게 우선 배정하는 것이 좋다는 의견을 적극 피력하고 있다. 인천남동국가공단의 한 제조업체에 갔을 때는 교육에 참가한 사장에게 고령 장애인이 포장 작업을 하고 있는 분야에 장애인을 더 고용하는 방안을 마련해야 한다는 조언도 할 수 있었다.

하지만 인천시가 추진하고 있는 시립장애인예술단은 거액의 재정을 투입하고도 아직까지 만족할 만한 수준의 고용이나 예술적 역량을 보여 주지 못하고 있어 답답한 실정이다. 차라리 그 돈으로 장애인예술재단을 만들어 장애인들이 미술과 음악 분야에서 좋은 일자리를 얻을 수 있도록 한국장애인고용공단과 협력하는 일이 중요하다. 영종국제도시에 조성된 카지노클러스터에서 나오는 기부금을 확보해 장애인들이 문화예술을 향유하고, 그것이 직업이 될 수 있도록 선진 외국에서처럼 장애인문화재단을 만드는 것이 필요하다는 점을 분명히 밝힌다.

법보다 앞서 나간 문화예술 평생직장

  2019년 4월 발달장애인 연주자 5명은 언론사 최초로 국민일보 사원으로 취업하는 데 성공했다. 2021년 9월 발달장애인 미술작가 9명이 대기업에 취업하면서 비영리 민간단체 꿈꾸는 마을의 역량을 극대화할 수 있게 됐다. 장애인 가정을 빛나게 하는 사례가 나왔다. 거기에 저주는 애초에 없었다.

  2023년 1월 23일 식구들과 찾은 인천국제공항 인근 용유동 마시안 해변 찻집에서는 영하 17도의 강한 한파 속에서도 파도와 함께하려는 연인들과 가족 단위 손님들로 북새통을 이뤘다. 나의 생일이었다. 환갑날이었다. 유튜브에 올린 쇼츠 영상이 하루 만에 4,000회를 기록할 정도로 사람들은 환호했다. 회갑 기념 케이크 한 조각과 유자차를 먹었다. 앞으로 30년은 더 일해야 한다는 생각을 하면서 멀리 바다의 수평선을 바라봤다.

  장애를 가진 아들을 위해 남은 생애에 무엇을 할 것인지에 대한 가족 토론이 벌어졌다. 근로기준법과 노동법 등으로 인해 운영이 쉽지 않은 장애인활동지원기관보다는 문화예술을 하고 있는 발달장애인 청년들을 위한 주간활동센터를 하는 것이 낫지 않겠느냐고 의견이 나왔다. 국가 차원에서 현장의 애로사항을 파악하고, 종사자들의 인건비를 현실화하는 방안 등이 뒷받침되지 않을 경우 좋은 인력들을 쓰기가 쉽지 않은 상황이다.

2003년 인천공항이 있는 영종도에 들어와 20년 만에 새로운 길을 모색할 것인지를 놓고 진지한 고민을 하고 있다. 2011년부터 장애인 예술단을 만들어 활동한 결과 12년 만에 성인이 된 장애청년들을 위한 진로가 중요하다는 사실을 뼈저리게 느끼고 있다. 탈시설화 시대에 재택 중증장애인들의 대안활동공간이 될 주간활동센터는 또 어떻게 등장할지 벌써 젊은이처럼 가슴이 뛴다.

말이 없던 어린 시절의 나에게 말을 걸다

말이 없던 어린 시절의 나의 상처는 대학교 1학년 때까지 이어졌다. 친구들이 왜 학교에 와서 한마디도 하지 않느냐고 했다. 생각해 보니 정말 한마디도 하지 않은 날이 많았다. 간절하면 말문이 열린다고 했던가. 하루종일 한마디도 하지 않고 지내던 내가 지금은 달변가가 됐다. 내면의 평화를 얻게 된 것은 역설적으로 홀로서기가 가능해지면서부터였다. 아무도 나를 보호해 줄 수 없는 여건에서 스스로 모든 것을 헤쳐 나가야 하는 직장생활이었다.

멘털이 무너지지 않도록 견디다 보니 31년 2개월의 언론인 생활도 마지막까지 달릴 수 있었다. 경찰 출입기자 시절 온갖 욕설로 나를 괴롭힌 선배 기자가 퇴임할 무렵에야 그를 용서할 수 있었다. 마음이 편해지기는 했지만 그가 퇴임 후 만나자는 제안을 했을 때 그를 만나 다시 스트레스를 받고 싶지는 않았다. 그에게 배운 기자로서의 기본기가 기자생활을 하는 동안 가장 강력한 에너지로 작용한 것은 큰 위안이 됐다. 정년 퇴임식 날은 1993년 대전엑스포 취재 현장에서 나를 칭찬해 주던 선배 기자가 회사 사장으로 재임하는 기간에 진행됐다. 퇴임식에서 그가 나를 칭찬해 주던 말을 그대로 돌려줬다. 그가 희미하게 웃었다.

"전화취재는 정창교 기자가 최고야. 나는 저렇게 전화취재를 잘하는 기자는 처음 봤어."

소년소녀가장 기사를 유독 관심을 갖고 썼다. 내 기사를 쓴다는 일 체감이 생겼다. 10년쯤 지났을까. 광명시에서 살고 있는 초등학생 소녀가장이었을 것이다. 기사가 나가고 난 뒤 도움도 받고 열심히 공부한 덕분에 고등학교를 졸업하고 은행원이 됐는데 이제는 그 기사가 부담이 된다고 했다. 기사를 내려 달라는 요구가 빗발쳤다. 결국 그 코너는 사라졌다.

2022년 11월 3일 정년퇴임을 앞두고 인천공항신도시에서 자전거를 타다 갑자기 골목에서 킥보드를 타고 나온 초등학교 여학생을 피하기 위해 왼쪽으로 핸들을 꺾는 순간 낙상사고를 당했다. 머리에 쓴 헬멧이 튕길 정도로 충격을 받았다. 피가 나거나 상처가 난 곳은 없었다. 그런데 일어나기 위해 발을 디딘 순간 왼쪽 발을 딛고 설 수가 없었다. 처음 있는 일이었다.

고관절 골절로 왼쪽 엉덩이뼈 덮개에 금이 가 병상에서 절대 안정이 필요하다는 진단을 받았다. 2023년 1월 8일 병상생활 10주차를 맞아 오전 8시 30분쯤 아침 예배를 동영상으로 제작해 유튜브에 올렸다.

버텨 온 날들

나는 거절하지 못하는 성격이다. 거절당하는 것에 대한 두려움이 이러지도 저러지도 못하는 성격을 만들었다. 어느 날 단톡방의 지식창업 프로그램에 참여했다가 강사가 던진 질문에 답변을 하는 과정에서 거절하지 못하는 성격 때문에 60 평생이 힘들었다는 표현을 했다. 그렇게 말을 하고 나니까 신기한 일이 벌어졌다. 스스로 마음을 다스리는 체험을 하게 된 것이다. 처음으로 느껴 보는 안정감이었다.

상처를 치유하는 힘이 나로부터 시작된다는 것은 상처를 치유하지 않으면 나를 죽일 수도 있다는 뜻이 된다. 서울 마포대교가 스스로 목숨을 끊으려는 사람들의 행렬이 이어지면서 사회의 관심이 높아지자 아무도 간섭하지 않는 인천대교가 새로운 장소로 부상했다. 죽음을 생각하는 이들이 모인 단톡방에서 이런 정보가 공유된다는 것이다.

죽음을 이겨 내지 못하고 떠난 사람들이 적지 않다. 상처를 드러내지 못한 채 상처가 분노로 표출되면 죽음에 이르고, 주변 사람까지 죽음으로 몰아가는 사건이 끝이 없이 이어지고 있다. 죽음은 늘 도처에 널려 있었다. 군대생활을 하던 양평의 어느 강가에서 유명인사가 스스로 목숨을 끊었을 때도 현장 취재를 하면서 그의 마지막 행적과 죽음의 장소를 확인했다. 이등병 시절 군 생활을 하면서 겨울에 경장갑차 위에 팬티만 입고 올라가 추위를 견뎌야 했던 곳이 근처에 있었다. 그때 군복을 제대로 다리지 못해 대대 내 화장실 정화조를 청소하러 다니던 운전병에게 크게 욕을 먹었다 구원투수는 나보다 나이가 어린 동기 운전병이었다. 그가 제대한 뒤 정말 기자생활을 하는 내가 자신이 알던 군대생활을 참 어렵게 하던 그 이등병이 맞는지 확인하는 전화가 걸려 왔다. 그는 사실을 확인한 뒤 다시는 나를 찾지 않았다. 군복무 당시의 나와 사회생활을 하는 나를 연결시키는 것이 어려웠을 것이다.

나는 누군가의 죽음 앞에서 그때마다 생명이 연장되는 듯한 느낌을 갖게 된다. 나를 끝까지 믿어 줬던 선배가 지병으로 죽음에 이르렀을 때도 눈물을 흘리지 않았다. 동시에 세상에 듣지도 보지도 못한 욕설을 내뱉었던 또 다른 선배가 준 상처가 나를 아프게 할 때가 지금도 있다. 편집국의 많은 기자들 앞에서 사회면 기사 때문에 큰 소리로 지적을 당하던 젊은 날의 나를 다독여 주고 싶을 때가 있다. 동시에 나의 장점을 보고 격려를 해 준 수많은 선후배 기자들이 나를 견디게 하는 큰 힘이었다.

아버지가 세상을 뜨고 어머니는 다른 사람에게 시집가 버린 사촌 동생들의 삶은 척박했다. 월남전 파병 이후 고엽제 후유증으로 남자 구실을 못하게 된 작은아버지는 자녀들이 크기도 전에 이 세상에 없었다. 작은아버지의 아들 두 명은 공부 대신 어린 나이부터 노동에 내몰려야 했다. 재단사가 되고, 건설 현장의 인부가 되어 자신들을 낳은 어머니의 소식을 확인하고 싶어 했다.

　사실 남의 집에 식모살이하듯 떠나간 작은어머니를 마지막으로 본 건 대학가 앞 자취방에서였다. 방 한 칸과 부엌 위의 다락방이 전부인 자취방에서 하룻밤을 잔 그녀는 다시 우리 앞에 나타나지 않았다. 작은어머니가 떠난 지 10년이 지나 큰아들이 나타난 것은 그도 자식을 낳고 일거리가 없어 일감을 찾으면서였다.

　어린 날 자신들을 버려두고 남쪽 바닷가 어느 섬으로 시집가 고된 노동을 하며 살고 있는 작은어머니의 삶을 마주하고서야 그 아들은 서울로 발길을 돌렸다. 언젠가 그에게 다시 전화를 걸었을 때 그는 전화를 받지 않았다. 대신 사촌 동생보다 나이가 많은 동생 부인이 전화를 받았다. "우리와는 삶이 다르다."라는 말을 하고 전화를 끊었다.

고관절 골절사고의 체험

　사고 순간, 죽음이 느껴졌다. 초등학교 여학생의 킥보드를 보는 순간 사고를 직감했다. 내리막길에서 초등학생이 다치는 것을 막기 위해 핸들을 왼쪽으로 트는 순간 꼬꾸라졌다. 죽을 수도 있는 순간이었다. 78일 동안의 병원생활이 이어졌다. 몸이 조금씩 회복된 뒤에는 병실의 환자들이 잠자리에 든 시간, 노트북을 들고 불 꺼진 식당에 들어가 자리를 잡았다. 상의는 환자복 대신 평상복으로 갈아입고 하의는 환자복을 입었다. 줌 시스템에 등장한 강사가 서서 강의를 한다. 목소리 톤이 강렬하다. 오른쪽 손에는 노트북이 펼쳐져 있고, 노트북 너머에는 따뜻한 물컵이 있다. 창가에는 가끔 복도에서 운동하는 환자들이 걷는 모습이 보였다.

　정형외과 환자들은 3주 간격으로 다른 병원으로 옮겨야 한다. 커뮤니티 공간이 없는 병원에서는 복도에서 자리를 잡았다. 계단에서 올라오는 바람 때문에 추위가 느껴졌다. 식기를 나르는 짐차 위 칸에 노트북을 올려놓고 오른쪽에는 노트를 펼쳤다. 귀에는 이어폰을 끼고 강의가 길어지면 탈수기가 있는 작은 방으로 들어가 전선을 연결해 노트북의 전원을 확보했다. 단톡방에서 연결되는 수많은 블로그와 친구를 맺고 새로운 학습이 필요한 것들은 직접 강의를 들었다. 날마다 1~2시간씩 줌 강의를 듣고 다양한 강사들을 만났다.

퇴원한 첫날 컨설턴트로 활동하는 20대 여성의 강의를 들으며 디지털 트렌드에 대해 새로운 눈을 떴다. 콘텐츠 생성 및 기획이 수익을 발생하게 해 주는 노션을 활용하는 방법을 통해 이해하게 됐다. 주요 목표를 세우고 업무와 삶의 영역에서 할 일을 구체적으로 상위항목과 하위항목으로 구분해 정리해 내는 능력이 탁월했다.

　20대 여성 강사에게 강의를 듣고 블로그에 올린 글을 보다가 젊은 유튜버의 동영상을 보게 됐다. '당신 안에서 히든스토리를 찾아라.'라는 명제가 제시됐다. 가난해서 살쪘다고 고백한 여성 연예인이 폭식증으로 고생하다가 가난을 지우고 싶어 운동도 하고 식사량도 줄이면서 건강을 찾게 된 이야기가 사례로 제시됐다.

　나는 먹는 것에 대한 집착이 컸다. 신문사에서 회식을 할 때, 지금은 유튜브 방송으로 수십만 명의 구독자를 거느린 한 선배가 말했다. "정창교는 어린 시절 못 먹어 굶주린 것은 알겠는데, 이제는 덜 먹어도 되지 않느냐"라는 것이었다. 먹는 것을 통제하는 것이 너무 어려웠다. 군제대 직후 78kg이었던 몸무게가 담배를 끊으면서 군것질을 하는 동안 10kg가량 불어나더니 신문사 차장이 됐을 때 98kg가 됐다. 서울시청 출입 당시 사회2부장이었던 사장이 회사 승강기 앞에서 만나 "너. 경찰기자 때처럼 심하게 돌려야겠다."라고 했다.

　그 선배도 정년퇴직으로 회사를 떠나고 지금은 내가 정년퇴직을 했다. 체중이 114kg까지 올라갔다가 78일 동안의 병원생활 과정에서 처음으로 100kg이 체중계에 찍혔다. 실로 10년 만의 일이었다. 78일 만에 민간 공공임대아파트 커뮤니티룸에서 만난 여직원은 "체중이 많이 빠져 보기가 좋다."라고 말했다. 아직은 몸이 완전하게 회복된 상태가 아니어서 아파트 피트니스센터에서 실내 자전거를 거의 매일 1시간가량 타고 있다. 국민엔젤스앙상블 색소폰 연주자 박진현씨가 먹성이 좋은데도 매일 집에서 1시간 정도 실내 자전거를 탔더니 뱃살이 나오지 않는다는 실증적인 사례를 듣고 다시 잃어버린 다리 근육을 키우고 있다.

2009년 대한민국 장애인 문화예술계를 대표해 스웨덴 스톡홀름을 방문했을 때 노벨상 시상식장 건물 앞 골목에서 찍은 사진을 새 노트북 바탕화면에 깔았다. 스웨덴 문화부 관계자들을 인터뷰할 때 대표단은 우리의 질문이 잘못됐다는 사실을 깨달았다. 그 나라는 장애인에게 특별한 혜택을 주는 것이 아니라 스웨덴을 대표하는 예술가에게 집중 지원을 하는 방식으로 세계 각국의 예술가들과 경쟁할 수 있는 여건을 제공한다는 사실을 알게 됐다. 자신의 장애에도 불구하고 구족화가와 가스펠 가수로 활동하는 레나마리아를 만났을 때에야 우리가 궁금해 하는 것의 실체를 알게 됐다.

그림을 그리는 그녀에게 긴 시간 동안 지원하는 석사학위를 소지한 미술전공 활동지원사가 있고, 짧은 시간을 돌보는 활동지원사도 있다는 사실을 알게 된 것이다. 그는 책 출판 및 강연 등을 통해 벌어들인 소득도 많아서 다양한 유형의 장애인 활동지원사 4명이 자신의 일을 돕고 있다고 설명했다. 노트북에 올라온 사진을 블로그 프로필 소개란에 옮겼다. 그 찬란했던 순간으로 돌아가 누군가와 인터뷰를 하고 싶다. 88kg으로 회복될 수 있을까. 내 몸에서 가난을 지우고 싶다.

모두가 떠난 곳에 세워진 십자가

60평생이라는 말도 있지만 이제는 100세가 평생이다. 60대, 70대, 80대의 경제력이 넉넉하지 않아 사회문제화될 가능성이 높아지고 있다. 부모로부터 재산을 물려받지도 못하고, 앞으로 30년 이상 스스로 벌어서 생계를 해결해야 하는 1963년생들의 삶은 광야에 내던진 듯하다. 내 어린 날 아버지의 부재 속에서 겪었던 초등학교 6학년 친구의 성추행 사건은 폭력적이었다. 약자를 괴롭히는 폭력은 늘 주변에 도사리고 있었다.

그로부터 약 40여 년이 지난 2008년 어머니도 지병으로 숨졌다. 큰 이모는 내게 "이제 어떻게 하냐, 부모가 있어야 비빌 언덕이라도 있지."라고 안타깝다는 표정이었다. 그해 나는 순복음평강교회를 개척했다. 개척한 뒤 처음으로 한 일은 부모와 사별했거나 사정에 의해 혼자 남은 청소년들과 장애를 가진 청소년들이 한데 만나 서로 어울리는 것이었다. 아버지와 어머니의 부재 속에서 나는 교회를 개척해 피아노 치는 아들과 함께 교회에서 예배를 드리기 시작했다.

그런 어느 날 수원에서 교역자로 활동하는 신학교 동기 전도사가 버스에 성경학교 청소년들을 데리고 바닷가 마을을 찾아왔다. 교회가 좁아 노인들도 사용하지 않는 경로당을 빌려 하룻밤을 자는 프로그램을 진행했다. 한때 1만 평 규모의 해저 카지노가 검토된 해변가 모래밭에 장작불을 피우고 20분 정도 지났을까. 인근 상가에서 쫓아와 더 이상 프로그램을 하지 못하도록 방해했다. 결국 다음 날 성경학교 학생들을 태운 버스를 타고 개항 100주년 기념탑을 방문해 우리나라가 서구문물을 받아들여 병원을 짓고 학교를 짓는 선교사들의 노력 덕분에 지금처럼 부강한 나라가 될 수 있었다고 가이드 역할을 하면서 교회를 찾아온 손님들을 배웅했다.

유일무이한 나의 진기록

나는 우리나라 언론사에서 몇 가지 기록을 보유하게 됐다. 하나는 현직 언론 기자 중 유일하게 교회를 개척한 기자라는 점이다. 또 하나는 회사 인사위원회에서 겸직금지의 원칙에 따라 교회 개척과 전도 활동은 인정하지만 헌금을 받을 수 없다는 기준을 제시해 헌금을 받지 않는 교회를 운영했다는 점이다.

이와 함께 현직 기자로는 최초로 사회복지사 1급 자격을 보유해 한국사회복지협의회의 주요 사업을 집중 보도하고, 사랑나눔사업단 등 각종 위원회에 적극 참여해 활동했다는 독특한 경력을 보유하게 됐다. 31년 2개월 동안 취재기자로 일하면서 나는 오대양 사건부터 세월호 사건까지 다양한 사건 사고 현장을 기록하는 역할을 수행했다. 이제는 남을 취재하는 기자가 아니라 내 이야기를 쓰는 콘텐츠 생산자로 변신하게 됐다.

성수대교 사건과 삼풍백화점 붕괴사고 이후 우리나라에 감리제도가 도입된 것처럼 세월호 침몰사고와 이태원 압사사건 등 수많은 인재사고를 접하면서 앞으로는 안전한 대한민국을 만들기 위해 강사로서의 역할을 강화하려고 한다. 연간 5조 원이라는 경제적 손실의 원인으로 지목되고 있는 직장 내 괴롭힘 예방교육을 비롯해 갈등관리 및 커뮤니케이션 강사 역할도 하게 된다.

2023년 1월 정년퇴임에 따라 앞으로 9개월간 실업급여를 받는 동안 나처럼 과묵한 어린 시절을 보내고 있는 청소년기의 상처받은 영혼을 한 사람이라도 만나 그에게 지옥이 아니라 천국을 선물하고 싶다. 나의 어린 시절이 만들어 낸 상처가 오랜 기간 무의식 속에서 나를 지배했다면 이제는 어린 시절의 나를 다독여 주는 일에도 시간을 내 보려 한다. 나에게 상처를 준 그가 20대 무렵, 한때 살인죄로 영어의 몸이 되기도 했다는 소식도 들린다. 이제는 부잣집이라는 권위를 이용해 아버지가 없는 가난한 아이를 학대한 초등학교 6학년의 그때 그 짓궂은 개구쟁이도 용서한다. 장애를 갖고 태어난 어린이들이 유전적 기질에 따라 장애를 가졌는지는 아직 학계에서도 결론을 내린 바 없다.

  성경 요한복음은 장애인이 이 땅에 온 것은 자신의 부모의 죄 때문이 아니라 하나님의 영광을 위해서라고 말한다. 이것이 신학교에서 쓴 내 목회학 논문이기도 하다. 최우수논문상을 받았다. 가장 어린 나이에 모든 것을 내려놓고 예수를 따른 요한은 역사적 예수를 가장 가까이에서 목격한 기자이다. 그가 쓴 기사가 성경이 됐다. 포스트모던 시대에 하나님 자리에 자신을 세우는 플랫폼 시대의 젊은이들에게 31년 2개월의 기자생활을 한 경험에서 우러나오는 글쓰기와 강연을 통해 죽음 너머에 있는 영원한 것에 대해 100세까지 계속 쓰고 말하겠다.

  돈키호테는 세르반테스의 일을 빌려 말했다. "불가능한 꿈속에서 사랑에 빠지고, 믿음을 갖고 별에 닿아야 한다."라고.

발달단계로 본 상처! 그리고 나

"인간 본성의 가장 깊은 충동은
중요한 사람이 되고픈 욕망이다."
- 존 듀이

임광숙

이메일: kslim1545@hotmail.com

블로그: https://blog.naver.com/ks_lim1545

학력
- 덕성여대 대학원 국어학 석사
- 숙명여대 대학원 TESOL 과정 수료

경력
- 現) 미국 거주/작가/심리상담가/미국 의대 유학 이민 컨설팅/Dry cleaning business 와 Tuxedo rental & sale business 운영

- 前) 덕성여대 조교/시사영어사 강사/석정초등학교, 청량초등학교, 부개중학교 특기 적성 영어 강사/중앙도서관 외국인 한국어 강사/대림산업 기획조정실 홍보팀/인천시 명예 외교관

자격증
- TESOL 교사
- 심리상담사

출간
- 《내면의 평화를 위한 화해와 용서》

1. 나의 아버지는 1915년생

아버지는 기골이 장대하고 인물이 수려하고 똑똑했다. 경제관념도 투철했고, 교육열도 높았다. 한일 합병 후 2남 3녀의 장남으로 태어나, 서당에서 한문교육과 학교에서 일본식 초등교육을 받았다. 1945년 광복을 맞았을 때 아버지의 나이는 삼십이었고, 같은 동네에 살던 엄마와 결혼해 이미 두 명의 자녀를 두고 있었다. 이어진 3년간의 6.25전쟁. 아버지는 그 시대 다른 아버지들과 마찬가지로 힘들고 녹록지 않은 시절을 살아 낸 분이다.

이런 시대적 배경에서 성장한 아버지는 대단한 유교 신봉자였고, 유교사상에 기초한 남존여비 사상과 남아 선호 사상, 그리고 가장의 권위를 머리끝에서 발끝까지 장착한 아주 권위적인 분이었다. 덤으로 독학으로 공부한 명리학으로 동네 사람들에게 제사장 같은 역할을 했다. 마을 사람들은 동네 이장으로서의 역할뿐 아니라, 결혼식 날짜 잡기, 아기 이름 짓기, 손 없는 날로 이사 날짜 잡기, 하다못해 누군가 죽었을 때 묘터 잡는 것까지 가정의 대소사를 의논하고 해결해 주길 원했다. 집에는 항상 방문하는 사람들로 끊이지 않았다.

전쟁으로 국가적인 폐허 가운데 있던 가난의 시대에 아버지 나이 48세인 1963년, 나는 우리 집 막내둥이로 태어났다.

전쟁으로 많은 인구가 줄었으니 국가에서는 출산을 장려하였고, 1964년 정부 차원에서 출산율을 조절하려는 정책을 수립하기 전까지 어떤 특별한 피임약도 없었다. 나의 부모님은 너무나 자연스럽게 아이가 젖을 뗄 때마다 임신하셨고, 자녀를 한 명씩 더해 가셨다.

2. 지금도 잊히지 않는 유년기와 초등학교 시절 기억들

　유년기 내가 살았던 우리 집은 마을의 정가운데 위치해 있었고, 제법 넓은 마당을 갖고 있었다. 동네 아이들은 거의 매일, 저녁을 먹고 나면 우리 집 마당으로 모여 딱지치기, 말뚝박기, 비석치기, 술래잡기, 무궁화 꽃이 피었습니다 등을 하며 밤이 으스름해질 때까지 놀곤 했다. 그날도 뚝배기를 아궁이 잔불에 얹어 끓여 낸 유난히 맛있는, 엄마가 해 주신 된장찌개와 저녁을 먹고 나자, 예외 없이 아이들 소리가 밖에서 나기 시작했다. 오빠와 나는 아이들 소리에 이끌리듯이 밖으로 나왔고, 어느샌가 아이들이 하고 있던 놀이에 합류해 신나게 놀고 있었다. 보름에 가까워 거의 여문 달빛이 마당을 환하게 비추고 있었다.

　아버지는 늦은 오후부터 윗동네 이 씨 아저씨와 툇마루에 앉아 술상을 받아 놓고 술잔을 주거니 받거니 하고 계셨다. 흥이 오르셨는지 아버지가 구성지게 소리를 선창하면 이 씨 아저씨가 받아 후창을 하다, 취기에 저녁도 안 드시고 이른 잠자리에 들었다.

　모여든 동네 아이들도 큰 소리로 "무궁화 꽃이 피었습니다." "무궁화 꽃이 피었습니다."를 반복하고, 제일 먼저 도착한 아이가 술래 사슬을 손으로 끊고 달아나면 깔깔 웃음소리를 내며 다른 아이들도 달음박질하는 일이 반복됐다. 얼마나 신나게 놀았는지 등이 땀으로 축축했다.

왁자지껄 아이들 소리로 시끄러운 가운데, "이놈들~~ 다 집으로 가지 못해!" 하는 소리가 들리는가 싶더니 작대기를 휘두르며 대문을 나서 우리에게 다가오는 아버지 모습이 보이는 게 아닌가. 누가 먼저라고 할 거 없이 아이들은 뛰기 시작했다. 그 가운데 나도 끼어 있었다. 무섭고 두려웠다.

아버지가 휘두르는 작대기가 곧 내 뒷덜미를 내리칠 것 같았다. 냅다 뛰는 순간에도 가슴이 콩닥콩닥 숨 가쁘게 방망이질하는 소리를 느낄 수 있었다. 동네 아이들은 개울 위에 놓인 다리를 지나 뒤뜰에 큰 감나무가 있는 감나무 집 마당으로 달아나 모두 모였고, 아무 일도 없었다는 듯 이번엔 술래잡기 놀이를 계속하고 있었다. 시간이 제법 지났는데도 내 가슴은 여전히 방망이질하고 있었다.

몹시 부끄러웠다. 이대로 어디론가 영원히 숨어 버리고 싶었다. 더 이상 놀고 싶은 신명이 나지 않았고, 땀으로 젖은 티셔츠 안에서 나는 한기를 느끼고 있었다. 아무도 모르는 곳으로 숨어 버리고 싶은 내 마음과 다르게, 놀기를 멈춘 나는 개울가에 우두커니 서서 공연히 발끝으로 흙을 파서 개울물에 던지기를 반복하고 있었다. 속절없이 환하게 비추는 달빛이 야속했다.

우리 아버지는 왜 그렇게 무서웠을까? 왜 자상함이 없었을까? 왜 따뜻한 말 한마디를 해 주지 않았을까? 초등 1학년 때 기억이다. 당시 학교에서 매년 채변검사를 통해 기생충 약을 학생들에게 지급했다. 나도 기생충 약을 지급받은 학생 중 한 명이었다. 엄마는 왜 잠을 자려고 하는 시간에 약과 물을 갖고 방으로 들어오셨는지 모른다. 약을 받아 든 나는 선생님이 기생충을 설명하기 위해 칠판에 그려 놓았던 하얗고 구불구불한 기생충 모습이 떠올라 약을 삼킬 수 없었다. 몇 번의 헛구역질로 쏟아진 물로 깔아 놓은 이불과 요가 질펀히 젖자, 아버지는 그 큰 눈을 치켜뜨며 언성을 높여 야단을 치셨다. "지금 뭐 하고 있는 거야? 몇 살인데 약도 하나 제대로 못 먹고 이 난리야!" 기다랗고 구불구불한 하얀 기생충이 내 배 속에 있다는 생각만으로도 공포스러운데, 약을 연거푸 토해 내는 나를 향해 아버지는 무서운 얼굴로 질책했다.

그 후 나는 한동안 콩을 먹지 못했다. 동그랗게 구충제 모양으로 생긴 콩이 목으로 넘어가지 않았다. 상 위에 콩을 골라내기 시작했고, 아버지는 이런 나를 또 야단치셨다. 내게 필요한 것은 야단이 아닌 위로와 공감이었는데 "우리 딸, 약 먹기 힘들구나. 괜찮아! 조금 있다 진정되면 다시 먹어 보자."라고 말씀해 주셨으면 좋았을 텐데.

아버지는 내가 첫아이도 아니었는데 왜 그렇게 아버지 역할에 미숙하셨을까? 당신이 의도하지 않고 행한 비난과 질책에 사랑하는 어린 딸이 자부심에 상처를 입고, 자존감이 훼손당하고 있다는 사실을 꿈엔들 짐작이나 했을까? 나의 유년 시절에는 막내 오빠 외에 다른 형제들에 대한 기억이나 추억이 없다. 6남 2녀의 막내인데도 말이다.

아버지는 오빠들이 5학년을 마치면 살던 충청도 시골에서 인천으로 모두 유학을 보냈다. 가정 형편이 그리 넉넉한 편도 아니었는데, 큰오빠와 둘째 오빠를 보낼 때는 작은아버지 집 큰언니를 함께 보내, 인천에서 자취 생활하며 중고등학교 다니는 오빠들 식사 문제를 해결하게 했고, 대학에 들어간 후 군 복무하는 동안 그 아래 형제들을 차례로 인천으로 보내는 일을 반복했다. 막내 오빠가 중학교에 갈 차례가 되었을 때 아버지는 큰 결단을 내려 모든 재산을 정리하고, 일부 논과 밭은 작은아버지와 작은아버지의 큰아들 이름으로 증여하고, 살던 너른 마당이 있던 집은 외삼촌에게 증여하고 인천으로 이사를 감행했다. 초등 3학년 초의 일이었다.

인천 변두리, 구월동으로 전학 온 나는 반 아이들 앞에 서서 선생님의 내 소개를 들으며 얼굴이 빨개졌다. "충청도에서 새 급우가 우리 반으로 전학 왔어요. 전 과목 수를 받은 공부 잘하는 훌륭한 친구니 학교생활 잘 적응할 수 있게 도와주고 잘 지내도록 하세요." 선생님 칭찬에 얼굴이 붉어진 이유는, '꼴랑 한 학년에 한 학급씩만 있었던 시골 학교에서 공부를 했으면 얼마나 잘했겠는가?'라는 생각이 스쳐 지나갔기 때문이다.

나의 심리상태는 그랬다. 심리학에서 말하길, 한 아이가 온전하게 성장하기 위해서는 부모로부터 5A가 채워져야 한다고 한다. 애정(Affection), 수용(Acception), 관심(Attention), 애착(Attachment), 칭찬(Approval). 적어도 나는 수용, 관심, 그리고 칭찬에 결핍이 있어, 어디서나 자신만만하고 당당하기보다 수줍고 부끄러움 많은 아이가 되어 있었다.

3. 중고등학교 시절

초등학교를 졸업하고, 당시 시행됐던 추첨식 학교 배정에 따라 집에서 버스 타고 1시간 10분 이상 걸리는 중학교로 3년간 통학했다. 3학년 말쯤 되자 담임선생님은 학생들의 고등학교 진학 결정을 위해 학부모 상담을 실시했다. 내 장래를 놓고 엄마와 아버지가 어떤 대화를 나누는 것을 들어 본 적이 없다. 고등학교 진학에 관해 나의 의견을 물은 적도 없다. 어느 날 엄마가 학교를 방문해 담임선생님과 면담을 한 후 담임은 나에게 "너는 인천여상에 응시하는 게 좋겠다."라고 말했다.

남자 형제들은 5학년이 되면 인천으로 유학 보냈던 아버지가 언니를 시골집에 남겨 놓은 것을 보면서 나는 이미 예상하고 있었는지도 모른다. 나는 언니와 마찬가지로 딸이라 아버지에게 그리 중요한 존재가 아닐지도 모른다고 생각했다. 인천여상은 중학교에서 반에서 15등 안에 드는 학생들 중 가정 형편상 대학에 갈 수 없는 학생들이 응시했던 공립 상업고등학교였다. 나는 인천여상에 입학한 첫날부터 당혹감과 마주해야 했다. 일찍부터 상업학교로 진학을 결정하고, 학교에서 필요한 주산, 타자 같은 기능 과목들을 학원에 다니며 겨울방학 때부터 연습한 반 친구들을 보며 나는 알 수 없는 불안감을 느꼈다.

'타의에 의해 대학도 못 가는 인생으로 미리 구분됐다는 것에 대해

심한 불만과 열등감을 느끼고 있는데, 거기에 더해 속해 있는 집단에서 주산, 타자도 못해 열등생의 자리를 면치 못하게 됐구나.'라는 현실을 자각했을 때, 정신이 번쩍 들면서 오히려 알 수 없는 전투력이 솟구쳐 올라왔다. 우리의 뇌는 자신이 처한 환경에 가장 적합한 선택을 한다고 한다.

그날, 나는 내가 처한 상황과 환경을 겸허히 받아들이기로 나 자신과 타협했다. 가만히 앉아 주어진 환경과 상황이 바뀌길 기다리는 것은, 감나무 아래서 감이 떨어질 때까지 입 벌리고 기다리는 것같이 어리석은 일이라 생각했다. 집으로 돌아와 저녁을 먹자마자 주판을 꺼내 다른 친구들이 했던 것처럼 호산을 연습했다. 아침에는 수업 시작 시간보다 2시간 미리 등교해 타자실에서 타자를 연습했다. 나 혼자만의 외롭고 결의에 찬 행군은 몇 달이나 계속됐다. 어느새 주산에 속도감이 붙고, 타자도 다른 아이들에게 뒤지지 않는 속도를 내고 있었다.

특별히 국어시간에 국어선생님으로부터 사랑을 독차지했다. 국어 시험 성적도 좋았을 뿐 아니라 시를 잘 짓는다고 선생님은 칭찬했다. 고등학교 2학년 때 담임선생님은 나를 많이 편애했다. 그래서 나를 부러워하는 아이들도 있었지만, 공연히 미워하는 아이들도 몇몇 있었다.

상업고등학교에 간 것에 처음엔 많은 열등감을 느꼈던 나는, 선생님들이 보내 주는 긍정적이고 칭찬 일색의 나에 대한 인식과 기대에 어느샌가 나 자신에 대해 자부심을 느끼며, 자존감을 회복하고 있음을 자각하게 되었다. 3학년으로 올라가자 나는 반장이 되었고, 정치경제를 가르쳤던 담임선생님은 1학기 말쯤 되었을 때 나를 교무실로 불러 "나는 네가 꼭 대학을 갔으면 좋겠다. 물론, 너희 집 사정이 너를 대학에 보낼 형편이 안 되는 것을 안다. 네가 대학에 갈 수 있는 대기업으로 일찍 취직해 네가 벌어서 대학을 가면 어떨까 한다."라고 권하며 서울에 있는 대림산업에 추천했다.

4. 직장 생활과 함께한 대학, 대학원 시절

　고등학교 3학년도 마치기 전 그해 8월, 당당히 대림산업에 입사했고, 낮에는 격무에 시달리며 저녁에 대학입시를 공부해 서울에 있는 우수한 대학에 갈 수 있는, 제법 높은 학력고사 성적을 받을 수 있었다. 그러나 나는 야간대학에 가야 했고, 성적이 가장 우수한 학생들이 응시할 수 있는 1차 대학에 입학 서류를 넣었으나 공부만 열심히 했지 대입전략이나 정보가 없었고, 주위에 도와주는 사람도 없었다. 그 결과 1차 응시에 실패하고 후기대학에 입학해 대학 생활을 시작할 수 있었다.

　운명은 내 편이 아니었다. 같이 입사한 동기들은 모두 종로에 있는 본사에서 근무하게 된 것과 달리 나 혼자 여의도에 있는 전산실로 발령을 받았고, 소속된 전산실 관리팀 과장은 내가 대학에 입학하자, 1시간 일찍 학교 가는 것을 허락하지 않았다. 또한 업무 분담도 너무나 불공평했고, 나는 격무에 시달려야 했다. 낮에는 회사에서 격무와 인고에 시달리고, 발을 동동 구르며 학교에 가면 보통 1교시는 끝나 있었고, 러시아워 교통체증까지 있는 날은 2교시 중간쯤 수업에 들어갈 수 있었다.

　형편없는 대학 1학년 생활을 겨우 마치고 나는 용기를 내 당시 전산실 최고 책임자인 실장님께 책상 위에 메모로 면담을 요청했다. 1학년 내내 학교에 정시에 가지 못해 학교 성적이 엉망인 것과 업무가 너무 과중한 것, 그리고 형평성에 맞지 않는 업무 분담의 부당함을 말씀드리고, 학교와 가까이에 있는 본사로 발령 내 주길 부탁했다.

말하는 도중 지난 2년간 마음속에 쌓아 두었던 설움이 북받쳐 눈물 콧물을 흘리며 엉엉 울었다. 실장님은 손수건을 건네주며 자상하게 그동안 수고 많이 했다고 나를 위로해 주며 덧붙여 다른 것은 다 제쳐 두고 사람 미워하는 것은 내려놓으라고 했다. 다른 사람을 미워하는 것은 그 사람의 발목에 쇠고랑을 채워 놓고, 그 사람의 행보대로 끌려다니며 스스로 고통을 만들고 사는 어리석은 일이라고 말했다. 나는 깨달을 수 있었다. 누구에게도 겉으로는 표현하지 못했던 불만과 억울함, 온갖 부정적인 감정이 내 안에서 나를 상하게 하고 있었다는 것을.

그날 이후 나는 본사 비서실로 발령받고 천국에서 사는 것 같은 회사 생활을 할 수 있었다. 학교는 학교대로 가까운 거리에서 다닐 수 있으니 1학년 때처럼 발을 동동거리는 일 없이 학업에 전념할 수 있게 되자, 내 전공과 맞는 회사 홍보팀에 가서 일하고 싶은 생각이 슬며시 들었다. 전산실에서 격무와 인고에 시달렸던 것에 비하면 비서실은 천국과 같았으나 다시 용기를 내 모시고 있던 인사홍보 담당 상무님께 직접 내 뜻을 말했다. 상무님은 흔쾌히 허락했고, 대개 한 회사의 브레인들만 모여 있다는 기획조정실의 한 팀으로 있던 홍보팀으로 발령을 내 주었다.

홍보팀에 합류하여 사보 교정과 원고 청탁 업무를 하게 되었는데, 일정에 맞춰 원고 청탁하고 원고가 들어오면 교정 보는 일은 매일 이뤄지는 일이 아니었기에 시간이 남아돌았다. 1학년 때 처해진 환경 때문에 제대로 학업에 열중할 수 없었던 아쉬움에 대학원 진학의 열망으로 진로를 바꾸기 위해 3학년을 마치고 회사에 사표를 냈다.

퇴사 후 너무나 신이 나서 마치 대학교 1학년 신입생이 된 것처럼 매일 도서관에 아침 일찍부터 자리 잡고 기본이 부족한 공부를 시작했다. 나의 공부하는 것을 좋아하는 성향 때문인지 물고기가 물을 만난 듯 장학생도 되고, 4학년 학교생활이 윤택하고 보람찼다. 4학년 여름방학에는 과 지도교수님 추천으로 한국 정신문화연구원 교수님 한 분의 책 쓰는 작업을 돕는 아르바이트를 했다. 이 아르바이트를 하며 연구하는 학자의 물아지경의 멋진 면모를 엿보며 언어학에 관심을 갖게 됐고, 학자의 길을 가고 싶다고 생각했다.

그런 2학기 말 어느 날, 과 지도교수님이 나를 찾았다. 조교로 추천할 테니 조교로 근무하면서 대학원 공부를 하라고 말했다. 기회는 실력과 그 기회를 잡을 준비가 된 자에게 찾아오는 행운이라는 말이 있다. 어려운 환경에서도 좌절하거나 포기하지 않고 나를 세울 수 있었던 것은, 때에 맞게 나에게 기회를 준 은사님들 덕분이었다. 3년간 조교로 근무하며 대학원에서 공부해 〈오륜전비언해에 대한 국어학적 연구〉라는 18세기 국어에 관한 연구로 석사 학위를 받을 수 있었다.

5. 아버지, 딸도 자식입니다.

　이렇게 혼자 힘으로 내 인생을 살아 내고 있을 때, 내가 살던 구월동이 개발되기 시작했다. 1985년 인천 시청이 우리 집이 있던 길 건너 맞은쪽으로 이전해 왔고, 몇 년 후 아버지의 집과 땅도 구획정리를 위해 수용돼 아버지는 토지보상법에 따라 보상을 받게 됐다. 다른 형제들은 결혼으로 모두 집을 떠난 상태라, 나는 엄마, 아버지와 먼저 살던 집에서 새로 지은 단독주택으로 이사했고, 아버지는 큰오빠, 둘째 오빠, 그리고 셋째 오빠에게 예전 살던 집터에 나란히 집을 짓게 땅을 내주었다. 그리고 나머지 아들들에게는 그에 준하는 돈으로 집을 한 채씩 사 주셨다. 한편으로는 장학기금을 마련해 장학금이라는 명목으로 손주들에게 학비를 주기 시작했다.

　나와 두 살 터울이었던 큰오빠 아들 장조카는 한 살 일찍 학교에 들어가 나보다 한 학년 아래로 함께 대학을 다녔다. 평생을 아들들 교육에 그렇게 헌신해 놓고, 이제는 손주들 학비까지 대 주면서, 낮에는 회사 다니며 야간대학 졸업 후 대학원 공부하고 있던 막내딸에게 어떤 물질적 후원의 말이 없는 아버지가 이해되지 않았다.

　어느 날 나는 아버지에게 물었다. 나는 자식이 아니냐고. "너는 남의 집 식구가 될 텐데 뭘 그러느냐."라고 하셨다. 나는 속에서 끓어오르는 분노를 느꼈다. 이때 나에게 위로가 되어 주는 단 한 사람이 있었다. 지금의 남편. 그는 자상함과 온화함으로 학자가 되겠다는 나의 포부와 앞으로의 희망을 전폭 지지해 줬고, 아버지로부터 받은 마음의 상처를 들어 주고, 이해해 주고, 본인이 아버지 대신 나의 꿈을 이룰 수 있게 도움이 되겠노라 약속했다. 결혼을 앞두고 결혼자금을 내어 주면서 아버지는 혼잣말처럼 말씀하셨다. 다른 집 딸들은 돈 벌어 스스로 혼수 장만해 결혼한다고.

그와 결혼 후 나는 집을 떠났고, 얼마 되지 않아 아버지는 뇌출혈로 쓰러지셨다. 철옹성 같고, 완고했던 아버지가 엄마의 도움을 받지 않고는 아무것도 할 수 없는 상태가 되어 식사할 때를 제외하고 대부분 시간을 누워만 계셨다. 나는 엄마에게 물었다. 아버지가 나를 자식으로 사랑하기는 했느냐고. 엄마는 펄쩍 뛰면서 손사래까지 저으며 말씀하셨다. 그 완고한 아버지가 포대기 띠고 업어 준 아기는 너뿐이라고. 표현하지 않고 속으로 사랑해서 그렇지 너를 왜 사랑하지 않았겠냐고.

아버지가 나를 인정하고 칭찬하고 애정을 보인 기억은 다섯 손가락 안에 꼽는 정도다. 어렸을 때 내가 아플 때면, 아무런 말 없이 내 머리맡에 하얀 박하사탕 한 봉지를 사다 놓아 주셨다. 중학교 2학년 때 시골 동네에서 함께 살던 어른이 집에 방문했을 때, 우리 막둥이가 반에서 3등 했다고 자랑하는 소리를 들었던 기억, 또 한 번은 대학원 때 아버지를 모시고 충청도 시골로 시제를 지내러 갔는데, 여러 문중 어른들에게 우리 막둥이가 대학 조교로 일하며 대학원 다니고 있다고 자랑하는 것을 들었던 기억뿐이다.

남편은 결혼 후 덩그러니 두 분만 사시는 내 친정 부모에게 자주 찾아가자고 나를 재촉했다. 때에 맞는 제철 과일이며 먹을 것을 사 들고 가서, 누워 계신 아버지를 일으켜 세워 삐죽하게 제멋대로 솟아 있는 눈썹도 다듬고 손톱과 발톱도 깎아 드렸다. 아버지는 점점 쇠약해지셨고, 우리 아들이 5살, 내가 34살 되던 해, 82세의 나이로 세상을 떠나셨다.

이청준 소설에 나오는 축제와 같은 장례를 치르고, 충청도 고향에 있는 선산에 아버지를 모시고 돌아와 엄마는 말씀하셨다. 아버지가 돌아가시기 며칠 전부터 막내네가 왜 이리 안 오느냐고, 우리 식구가 언제 아버지 집에 오냐고, 우리를 많이 기다리고 보고 싶어 하셨다고.

6. 이해와 용서

 돌이켜 생각해 본다. 나의 아버지는 어떤 분이셨나 하고. 한 심리상담가는 말한다. 아주 오랫동안 믿어 왔던 생각이나 가치관이 예전에는 맞았지만 지금은 틀리다는 것을 알게 되었음에도 그것을 바꾸기 힘든 사람들이 있다. 그 이유는 생각이나 가치관이 자신의 삶과 이미 한 몸이 되어, 그것을 버리면 지금껏 살아온 삶을 부정하는 인지 부조화를 느끼기 때문이다. 단순히 고집이 센 옛날 사람이어서가 아니라, 그들 마음에 자신이 살아온 삶을 부정하기 싫어하는 면과 과거 삶에 대한 애착과 존중이 있어서, 또 한편으로는 자기 삶에 대한 상실의 두려움이 있기에 자신을 지키고 싶기 때문이라는 것이다.

 시대는 끊임없이 변하는데 그 변화 속도를 따라잡지 못하는 사람들의 의식과 인식이 본의 아니게 선의의 피해자를 양산해 낸다고 말한다. 아버지가 자랐던 시대의 시대사조는 남아 선호 사상과 남존여비 사상, 가부장적 권위가 절대로 존중되던 유교 사상이 지배했다. 그 유교 사상, 철학, 종교가 삶과 한 몸이 되어 한평생 살아온 아버지도, 어쩌면 새로운 시대의 사조와 물결을 받아들이고 그의 삶에 적용하기 두려웠을지도 모른다. 그래서 할아버지에게 배운 대로, 또는 아버지가 아는 인식 범위 안에서 여전히 가문을 이을 아들들에게 몰두했고, 그들을 길러 내고 교육하고 잘 살게 하는 데 아버지의 온 생을 다 바쳐 헌신하고 희생했을 것이다.

　이 글을 쓰면서 나는 내 안의 상처 입고 억압돼 있던 내면 아이의 슬픔과 분노에 깊이 애도한다. 나는 맘껏 내 안에 상처 입은 나를 위해 통곡한다. 더 이상 아파하거나 슬퍼하거나 수치스러워하거나 열등감을 느끼지 말라고 다독인다. 과거는 바꿀 수 없고, 드러난 과거의 상처는 더 이상 상처가 아니므로.

　미국의 대중심리학자 브레네 브라운은 그녀의 Ted 강연에서 인간은 누구나 취약성(vulnerability)을 가지고 있고, 이것이 인간을 성장시키고 아름답게 만드는 원동력이라고 말한다. 앞으로 살아가면서 찾아올지도 모르는 두려움과 공포의 순간에도 용기를 갖고 기쁨과 감사를 연습하며 살 것을 촉구한다. 자신의 취약성인 수치심과 열등감에 스스로 대면할 수 있을 때, 타인의 취약성을 보살펴 줄 수 있고, 자신을 사랑할 때, 비로소 타인도 사랑할 수 있다는 그녀의 말에 전적으로 공감한다.

　나는 나 자신을 먼저 맘껏 사랑하려 한다. 스스로에게 당당하고 자유롭게 거침없이 살 것을 허락한다. 나는 아버지의 에너지를 이어받아, 씩씩하고 논리정연하고, 매사에 분명하게 일 처리 하고 실행력이 있다. 인생에 여러 어려움도 있었으나 지금의 성공을 이룬 것은 아버지가 내게 주고 떠나신 정신적 유산 때문이다. 이제 나를 이 세상에 있게 낳아 주신 내 아버지께 온 맘으로 존경하고 사랑한다고 이 책을 통해 말씀드리고 싶다.

"아버지, 존경하고 사랑합니다."

내면의 평화를 지켜 주는
마음가짐 레시피

김남선(金南仙)

이메일: pen627@naver.com

학력
- 서울예명대학교대학원 사회복지학과 박사
- 서울사회복지대학교대학원 사회복지학과 석사
- 한국방송통신대학교 농학과, 문화교양학과, 농학사, 문학사
- 성신여자대학교 간호학과 방문간호 수료, 방문간호, 간병사

경력
- 한국 열린사이버대학교 특임교수/서울사회복지대학교대학원 평생교육원/중독재활상담사과정 주임교수/치매 예방 노래지도사과정 주임교수/찬양, 율동 노래지도사과정 주임교수/서울사회복지대학교 대학원 학점은행제 지도교수/사회복지 정책론, 사회복지 실천론, 학교 사회복지론, 사회복지 행정론/인구와 미래 정책연구소, 인구교육 전문 강사/KCA 공공기관 면접위원/대구 파티마병원 간호과/영천 성베드로병원 간호과/아이비 원격평생교육원 개발교수/한국 HRD 원격평생교육원 운영 교수

수상
- 한국청소년육성회 양천구청장 표창장/양천구 자원봉사자 상 수상/새한 일보: 한국 산업진흥 대상 수상/한국문화예술 명인회 문화복지 산업 명인/대한민국신지식인협회: 교육 분야 신지식인선정, 교육복지 대상 수상/대한민국 바른 통일포럼: 사무총장

자격

· 사회복지사, 평생교육사, 건강가정사, 요양보호사, 간호조무사, 더퍼멘티스트, 심리상담사, 학교폭력 예방 상담사, 레크리에이션 지도사/성 폭력.가정 폭력 상담사, 중독 재활상담사/ 장애인 활동 보조인/스토리텔링과 책 놀이/결혼상담사/청소년 상담사/치매예방관리지도사/대체 의학 자연 수기 요법/미술심리상담사/노인 요양시설 컨설팅 과정/푸드아트 심리상담사/장애인 인식개선 강사/웰다잉 상담지도사,/여성농업인 리더십 아카데미/노인 심리상담사/ 노인장기요양기관 창업 전문가/마을공동체 신문 청양 담소 편집위원 외 다수

학위논문

· 학사 《농학사 - 주말농장》《문학사 - 허준박물관》
· 박사 《사회복지학 - 노인의 여가 활동이 삶의 만족감에 미치는 영향에 관한 연구》

출간

· 《지구별 소풍과 귀천》 웰다잉 총서
· 《내면의 평화를 위한 화해와 용서》

화해와 용서

결혼해서 신혼생활 하면서 아이가 태어나고 신혼살림에 알콩달콩 잘 살고 있는 줄 알았다. 그런데 이게 웬일인가? 딸의 전화 목소리에서 울음이 감지된다. 그동안 평온하게 잘 살아 줘서 감사하다고 믿고, 바라고 행복한 결혼생활을 지내 온 줄 알았다. 아이가 태어나면서 수면이 불규칙해지고 스트레스가 많았다. 혼자서 육아 돌보기는 인내심과 힘이 들었나 보다.

"다른 것도 전부 사과해, 비아냥거리지 말라고 경고했어. 가스라이팅 같은 소리는 네가 하는 거고, 너 때문에 내가 아직도 산후후유증으로 고생인데 남들이랑 비교하길 원해? 남들은 출산했다고 시댁이랑 남편이 이것저것 집 장만해서 자동차까지 사 주시는데 이 콩가루 집에는 뭘 바랄 게 있니." "응? 바라지 마 그럼, 안 바라면 되지 왜 그럴까?" "너랑 잘 살아 보자고 이런 비아냥 듣는 내가 병신인 건, 이제 여기서 너하고 멈추고 싶다." 울고불고 가정폭력까지 이어지고 경찰서에 가정폭력범으로 신고했다.

원만한 가정생활을 유지하기 어려워 다음 날 새벽 친정집으로 돌아왔다. 그 후 며칠을 지나면서 남편의 사과를 받아 주기로 하고 취하했다. 심리상담을 한 달, 두 달쯤 받으면서 그동안 심리상담실에서 상담도 받고, 남편도 심리상담을 받도록 권해 드렸다.

"가장 교만한 사람은 남을 깔보는 사람, 가장 자유로운 사람은 규칙적인 사람, 가장 겸손한 사람은 자기 분수에 맞게 행동하는 사람, 가장 비굴한 사람은 자기변명을 늘어놓는 사람, 가장 현명한 사람은 위기를 슬기롭게 극복한 사람이다."

벚꽃 향기 가득한 평온하고 기분 좋은 봄날, 남편과 화해를 하고 행복한 보금자리로 아이를 안고 출발하는 뒷모습을 바라보면서…….

부모의 마음은 늘 자식을 생각하며 근심 걱정이 끊이지 않고 너무 서러워 기진하여 병이 나기도 한다. 냉철한 머리, 발은 따뜻하게, 욕심을 버리고 마음은 편안하게, 서로서로 도와 가며 남을 이롭게 하면 행복한 날, 꿈이 이루어지기를 바란다. 신록의 계절 푸르름과 꽃의 향연이 펼쳐지는 가정의 달 가족과 함께 건강, 사랑, 행복, 행운이 함께하는 세상에서 제일 행복한 사람이 당신이기를 기대한다. 계절의 여왕 오월! 상쾌하고 기분 좋은 일만 가득하기를 바란다.

주여, 나를 평화의 도구로 써 주소서
미움이 있는 곳에 사랑을
상처가 있는 곳에 사랑을
분열이 있는 곳에 일치를
의혹이 있는 곳에 믿음을 심게 하소서
위로받기보다는 위로하며
이해받기보다는 이해하며
사랑을 받기보다는 사랑을 하며
자기를 온전히 줌으로써 영생을 얻기 때문이니

주여, 나를 평화의 도구로 써 주소서
주여, 나를 평화의 도구로 써 주소서
오류가 있는 곳에 진리를
절망이 있는 곳에 희망을
어둠이 있는 곳에 광명을
슬픔이 있는 곳에 기쁨을 심게 하소서
위로받기보다는 위로하며
이해받기보다는 이해하며
사랑받기보다는 사랑하며
자기를 온전히 줌으로써 영생을 얻기 때문이니
주여, 나를 평화의 도구로 써 주소서

– 성 프란치스코

이 나이가 되어 보니 용서라는 단어가 나를 화평하게 한다. 다시 돌아오지 않는 시간을 허비하지 말자. 말을 신중히 하자. 우리는 날마다 많은 말을 하면서 말속에 향기와 사랑이 있고 그중에 제일은 아름다운 말, 사랑이란 말이다. 남의 가슴속에 상처를 남기는 말은 삼가자. 세상 살아가는 날 듣는 이, 말하는 이 모두 기쁠 것이다. 좋은 말 한마디로 가슴에 넘치는 기쁨과 행복이 찾아온다. 행복은 먼 곳에 있는 것이 아니라 자신이 만들어 가는 것이다.

진짜 돌아오지 않는 것은 기회이다. 기회를 놓치지 말자. 타인의 험담을 늘어놓기보다는 칭찬하는 말이, 상처 주는 말보다는 위로를 구하는 말이, 비난보다는 격려의 말이 삶을 행복하게 한다. "무릇 더러운 말은 너희 입밖에도 내지 말고 오직 덕을 세우는데 소용 되는대로 선한 말을 하여 듣는 자들에게 은혜를 끼치게 하라" (에베소서 4:29) "서로 인자하게 하며 불쌍히 여기며 서로 용서하기를 하나님이 그리스도 안에서 너희를 용서하심과 같이 하라" (에베소서 4:32)

자신을 알고 서로서로 돕고 나누면서 함께 살아가는 것이 인생이다. 사랑이 꽃피는 하루, 오늘도 보람되고 행복한 웃음 꽃피는 하루를 응원한다. 가장 진실한 지혜는 사랑하는 마음이다. 기억하기만큼 잊어버리기도 중요하듯이 옛일을 털어 버리고 새로이 출발하는 오늘도 복되고 행복한 시간, 감사하고 사랑하자. 가는 곳마다 남 탓하기보다 당신의 따뜻함을 닮은 오늘은 봄날이 내 가슴에 행복으로 가득한 봄소식으로 다가온 날들이다.

 현명한 사람은 빈틈없는 사람이 아니라 휴식을 만들고 쉴 틈을 잘 만들어 오늘 하루도 여유와 편안함이 있는 시간 관리를 잘하는 사람이다.

 건강한 사회란 아이들은 안전하게 학교를 잘 다니고 청년들은 건강하게 일을 하며 노인들은 평화로운 노후를 즐기는 사회가 아닌가? 우리 사회가 발전하고 후세에 부끄러움이 없는 역사를 만들어 가는 건 앞선 시대를 살았던 선조들의 노고가 있었기 때문이라고 본다. 젊은 시절 우리나라의 발전을 위해서 몸 바치신 선구자들께 어버이날을 맞이하여 깊은 감사의 인사를 올립니다.

푸시킨의 시처럼

삶이 그대를 속일지라도
슬퍼하거나 노하지 말아라

슬픈 날에 참고 견뎌라
즐거운 날은 오고야 말리니

마음은 미래를 바라느니
현재는 한없이 우울한 것

모든 건 하염없이
사라져 지나가 버리고
그리움이 되리니

    삶을 즐기자. 즐기는 만큼 내 삶이 된다. 좋은 만남은 좋은 인생을 만들고 인생을 살아가면서 인연의 소중함을 느껴 본다. 좋은 만남은 좋은 작품을 만들고 내 인생의 히어로이다.
    우리 만남은 고귀한 선물이다. 새로운 새날, 눈부신 봄날 햇살에 마음까지도 환해지는 멋진 하루가 되길 바란다. 조금은 늦더라도 괜찮아, 조금 늦게 빛나는 별도 있다고 말들 한다. 거북이처럼 느리게 가는 것

두려워하지 말고 쉬지 말고 뚜벅뚜벅 걷는, 오늘은 행복으로 꽉 찬 하루였으면 좋겠네. 평온한 마음, 좋은 말, 복 짓는 말. 행복한 삶, 사소한 것들의 가치를 소중히 여기며 내 안의 보물섬을 만든다.

 지난해 심었던 포포나무의 밑동을 베었다. 그런데 뿌리가 남아 있으니 되살아 나온 새순이 감사하다. 올해는 꽃도 피고 포포 과일 열매도 맛볼 수 있기를 기대해 본다. 인생 최고의 기쁨은 감사하는 마음에 있다. 감사하는 마음은 어떤 상황에서도 행복한 순간을 선사하며 아름다운 순간을 늘려 주기도 한다. 감사하는 마음은 슬플 때 그 슬픔의 상황에서 다시 햇빛을 바라볼 수 있도록 도와준다.

 매일 아침 깨어나는 것을 기뻐하자. 지금까지 건강한 다리로 여러 곳을 돌아 다니며 아름다운 풍광을 얼마나 많이 보았는지 새삼 깨닫고 이에 감사하는 마음을 가지자. 스포츠 운동, 기타 치고 노래 부르고 악기 연주하면서 무엇이든 배울 수 있다는 사실에 고마워하자. 수많은 웃음을 선사해 준, 나의 인생에도 감사하자. 소소한 일상의 고마움을 많이 느낄수록 그만큼 행복해질 것이다. 감사하는 마음이 바로 인생 최고의 기쁨인 것이다.

 세상을 살다 보면 알게 되는 것들, 사랑하고픈, 좋아하고픈, 친해지고픈, 보고픈 사람도 많다. 그래서 사랑하다 보면, 괴로운 사람, 미운 사람도 된다. 때로는 사랑해서는 안 되는 사람이어서 때로는 사랑할 수 없는 사람이라서 아픔도 따르고 괴로움도 따른다. 그렇다고 사랑 없이는 하루도 살 수 없다. 괴로움, 슬픔, 아픔이 따른다고 사랑하지 않는다면 삶이란 것 자체도 괴로움의 연속이니 살지 말라는 말과 같다. 아파도 괴로워도 우리는 살아야 하고 사랑해야 한다.

그래서 좋아하고, 그래서 사랑한다. 때로는 당신 때문에 실망하고 잠 못 드는 날도 있고 때로는 배신의 아픔으로 미움을 갖게 된다. 배신의 아픔은 우리가 그에게 반대급부를 바라고 있었음을 반증한다. 조건 없이, 바람 없이 주고, 사랑했다면 돌아서 가는 사람은 그것으로 그만인 것을. 미움도 아픔도 가질 필요가 없다. 사랑은 주는 것으로 행복하니까?

정상에 오르면 행복할 거라고 생각들 하지만, 아니다. 같은 곳에 있어도 행복한 사람이 있고 불행한 사람이 있다. 같은 음식을 먹어도 기분이 좋은 사람과 그렇지 않은 사람이 있듯이, 같은 일을 해도 즐거운 사람이 있고 그렇지 않은 사람이 있다. 중요한 것은 그것들을 대하는 태도이다.

무슨 일이든지 즐기는 사람에게는 행복이 되지만 거부하는 사람에게는 불행이 된다. 정말 행복한 사람은 모든 것을 다 가진 사람이 아니라, 지금 하는 일을 즐거워하는 사람, 자신이 가진 것을 만족해하는 사람, 하고 싶은 일이 있는 사람, 갈 곳이 있는 사람, 갖고 싶은 것이 있는 사람이다. 몸이 아플 때가 있기에 건강함을 감사하고, 실수하기 때문에 매사에 신중함의 중요성을 배우며, 실패가 있기에 겸손의 미덕을 알게 되고, 결국은 우리 삶에서 버릴 것은 없다.

천천히 걸어도 빨리 달려도 우리에게 주어진 시간은 더러는 조금 살다가, 더러는 오래 살다가 우리는 가야 할 곳으로 간다. 사랑하며 이해하며 삶을 즐기며 우리 그렇게 살아가자. 지난날 돌이키며 후회하기보다 남은 날 아름답게 가꾸는 일에 희망을 걸어 보자.

행복을 찾아서 마침내 바람, 돌멩이, 보이지 않는 마음에게도 고마움을 느끼며 웃음을 나누는 일에 참 행복을 느끼며, 마음이 부자인 우리가 되자. 아침 햇살 찬란하게 떠오르는 태양도 아름답고, 해 질 무렵 허공의 저녁노을 또한 아름답고 비 온 뒤 맑게 갠 하늘에 일곱 색깔 무지개도 아름다움을 선물한다.

청춘이 아름답다고 하지만 흰머리에 얼굴 주름 또한 아름다운 멋진 삶이지 아니한가? 나눈 것은 잊고, 받은 것은 기억하며, 눈감을 줄 알고 용서할 줄 안다면, 인생 마무리는 멋지고 아름다운 삶이 될 것이다.

새 아침 창문을 열고 시원한 바람을 맞으며 마음의 창을 활짝 열면 맑은 산소 같은 행복이 들어온다. 상처 주지 않고 인연을 소중하게 여기는 사람, 장점만을 골라서 이야기할 줄 아는 사람, 작은 것도 배려하며, 감사할 줄 아는 사람을 나는 사랑하고 싶다. 격려하고 위로해 주고,

훈훈한 정으로 마주하며, 웃음 지으며, 내 이야기를 들어 주는, 좋은 사람 한 사람쯤 마음에 담고 사는 사람이 되고 싶다.

행복이란 사랑하는 사람이 언제나 옆에 있고 내가 매일 기쁜 날이 되도록 노력하는 것이다. 흐르는 세월 유수와 같다더니, 산에는 꽃 피고 산새 우는 즐거운 날 고운 정, 아름다운 인연이 이어 가길 바란다. 순간순간이 모여 인생이 되듯이 변치 않는 마음으로 이 순간을 사랑하고 건강하고 행복하자. 힘들고 어려웠던 모든 일을 기도하고 소망하는 일들을 하나님께서 이루어 주시길 간절히 기도하는 마음으로…….

희망이 샘솟는 태양을 바라보며 그대의 그림자는 못 보리라.
고개를 숙이지 말고 머리를 높이 두라. 겨울 철새, 기러기 두루미들이 떼를 지어 높이높이 날아오르고 힘찬 날개를 한없이 움직이며 푸른 하늘 창공을 향해 새하얀 구름 사이로 날아오른다. 이제 남쪽 나라 바다 멀리 날아가리라. 세상을 똑바로 정면으로 바라보자.

고통의 뒷맛이 없으면 진정한 쾌락은 없다. 그대가 정말 불행할 때 세상에서 그대가 해야 할 일이 있다는 것을 믿어라.
그대가 다른 사람의 고통을 덜어 줄 수 있는 한, 삶은 헛되지 않으리라. "세상에서 가장 아름답고 소중한 것은, 보이거나 만져지지 않는다. 단지 가슴으로만 느낄 수 있을 뿐이다."

꽃보다 아름다운 것은 그대의 마음이다. 마음을 담은 따뜻한 차 한 잔으로 오늘도 아름다운 마음을 전하는 멋진 하루, 참 좋은 시간으로 열어 보리라. 삶은 하늘이 주신 것이고 행복은 내가 만들어 가는 것, 좋은 사람들과 인생을 함께 살아간다는 것은 참으로 행복한 일이다.

현대인들은 많은 사람들이 직장 생활을 하기에 시간이 늘 부족하다. 그래서 항상 쉬고 싶고, 여행하고 싶고, 집도 수리해야 한다. 그런데 시간이 없다. 내가 시간을 적절히 잘 활용하지 못하기 때문이다. 조금 있다가 해야지, 내일 해야지, 이렇게 미루게 되는 것 또한 현실이다. 시간을 잘 활용해서 우선은 순위를 정하고 먼저 진행하는 생활 습관이 필요하다.

행복의 가치는 슬픔에서 알았고, 기쁨의 가치는 불행에서 배웠고, 웃음의 가치는 눈물에서 배웠고, 사랑의 가치는 이별에서 알게 된다. 젊음의 가치는 나이 들어 보니 알겠고 깨우치는 것을 '도'라 하면 빨리 알고 진행하는 것이 지혜롭다.

누군가에게 칭찬하고 칭찬을 받을 줄 아는 그런 삶을 산다면 이 세상이 아름다운 칭찬으로 물들지 않을까? 고마운 마음과 감사로 칭찬을 아끼지 말자. 칭찬은 칭찬을 당신의 따뜻함을 닮은 봄이 내 가슴에 행복으로 가득 찬 봄이 다가온다.

결혼하고 혼인신고를 하고 가족을 형성하는 것이 당연한 통과 의례로 간주되던 전통사회와는 달리 현대사회의 결혼은 더 이상 필수적인 과정이 아닌 개인 선택의 문제로 인식되고 있다. 성장 과정을 통해 확대 가족 내에서 자연스럽게 결혼생활을 대비한 교육이 이루어졌던 전통사회와는 달리 핵가족이 주류를 이루고 개인의 욕구 성취가 우선시되는 현대사회에서는 이러한 교육이 가족 내에서 자연스럽게 이루어지기 어려울 뿐 아니라 중요하다고 생각하지도 않는다.

현대사회의 젊은이들은 결혼과 가족생활에 대한 정보나 준비교육이 상대적으로 부족한 실정이며 이는 결혼생활의 불안정성을 가중시키는 요인으로 작용하고 있다. 현대 정보화 사회는 개인의 현상과 네트워크 사회, 가족관계의 유연성 등의 특성을 지니며 개인이 우선시되면서 결혼이 개인의 성취를 방해하는 것으로 인식되어 비혼주의 문화가 팽배해 있다. 네트워크 사회의 특성은 혈연관계보다 더 많은 커뮤니케이션이 이루어지는 인터넷 공동체의 역할이 강조되고 있고 결과적으로 가족 구성원 간의 응집성을 약화시키는 요인으로 작용하고 있으며 가족 구성원 간의 친밀감을 강화시키기 위한 노력이 강조되고 있다.

밝은 마음은 몸에 병이 발붙이지 못한다. 불평하지 말고 손과 발을 부지런히 움직여서 손발이 건강해지면 온몸이 건강해진다. 웃으면 복이 온다. 열심히 웃다 보면 즐겁고 즐거우면 활력이 넘친다. 열 받지 말자. 음식은 적게 꼭꼭 씹어서 먹고 소식하는 사람이 오래도록 장수한다. 일을 즐겁게 하고 즐겁게 일하면 인생이 천국이 된다. 오래 살려면 담배를 끊어라. 담배처럼 백해무익한 것도 드물다. 마음을 안정시키고 호기심을 가져라. 호기심은 젊음을 만든다. 끊임없이 머리를 쓰고 새로운 도전은 치매 예방에도 많은 도움이 된다. 술은 적당히 마시면 보약이다. 때로는 즐거워서 한 잔, 슬퍼서 한 잔, 외로워서 한 잔. 식사 시간 약주로 막걸리 한 잔, 목마름을 달래기 위해 한 잔, 화해를 위하여 한 잔, 술 예찬론 같다.

　신앙심을 가지면 자신을 가다듬는 데 도움이 된다. 마음은 느긋하게 여유만만 잘 살아 보자. 서로 사랑하라. 사랑의 열도가 높아지면 생명이 연장된다. 사람을 미워하지 말자. 미움은 자신의 피를 탁하게 하여 없던 병도 끌어들인다. 일찍 자고 일찍 일어나자. 우리 인체의 자생호르몬은 밤 열 시부터 생성되기 시작한다. 잠을 잘 자는 사람, 규칙적인 생활이 건강한 생활이다. 무리하면 내 몸은 무리가 생긴다. 물은 보약이다. 하루에 내 몸에 필요한 물을 시간을 정해서 수시로 낮 동안 마시면 한밤중에 화장실 갈 시간이 사라진다.
　의사 친구를 사귀어라. 내 생명을 지켜 주는 파수꾼이다. 음식은 감사하는 마음으로 먹어야 피가 되고 살이 된다. 좋은 책을 읽고 마음에 수양된 만큼 장수한다. 매일 밝고 힘찬 노래를 불러서 살아 있는 기가 온몸에 생겨 즐거운 인생이 되게 한다. 대자연의 맑은 공기를 마셔 숨을 잘 쉬어야 장수한다. 고독한 생활은 병을 만든다. 좋은 친구를 사귀고, 화내지 말고, 이해하는 사람에게 생명 에너지가 생성된다. 할 일이 없어도 움직여라, 아무리 좋은 차도 오래 세워 놓으면 폐차가 된다. 가끔은 워밍업도 필요하다. 그날에 있었던 좋은 일만 길러라. 즐거움이 살맛 나는 세상을 만들어 준다.

"지혜로운 이는 어떤 것에도 머무르지 않으며 사랑하지도 않고 미워하지도 않는다. 슬픔과 인색함이 이제 그를 더럽힐 수 없다. 연잎 위의 물방울이 결코 연잎을 더럽힐 수 없는 것같이…."

삶은 표지판도 없는 낯선 길을 걷는 것과도 같다. 오르막이 있고 내리막도 있는 누구나 그 길 위에서 수없이 넘어지고 깨진다. 하지만 방향이 정해져 있다면 가는 길이 아무리 복잡하고 흔들려도 상관없다. 방향만 확실하다면 시간은 아무런 문제가 되지 않기 때문이다.

우리는 행복할 권리와 의무가 있다. 건강과 행복과 바라는 모든 꿈이 이루어지는 날들이 이어지기를 바란다. 모든 일은 사람들 저마다의 마음먹기에 따라 다름을 인정하자. 내 가슴이 뛰는 일이라면 지금 바로 시작하자. 내 인생의 가장 젊은 날 화사하고 따사로운 봄기운을 당신에게 전하며 언제나 행운이 가득하길…

한 글자로는 꿈, 두 글자는 희망, 세 글자로는 가능성, 네 글자로는 할 수 있어, 나는 할 수 있다. 멈추지 말고 꾸준히 도전이다. 비가 와도 가야 할 곳이 있는 새는 하늘을 날아간다. 눈이 쌓여도 가야 할 곳이 있는 사슴은 산을 오른다. 길이 멀어도 가야 할 곳이 있는 달팽이는 걸음을 멈추지 않고, 길이 막혀도 가야 할 곳이 있는 연어는 물살을 거슬러 오른다.

흐르는 강물도 흐르는 시간도 잡을 수 없는 가는 세월, 모든 게 너무나 빨리 지나가고 변한다. 무엇인가 보내고 또 얻어야 하는 게 인생 아닌가? 늘 새롭게, 항상 즐겁게, 주어진 삶에 최선을 다하며 살아가면 오늘은 내 인생 최고 멋진 날이다. 예쁘게 꽃처럼 웃고 새같이 노래하고 구름같이 자유로운, 평화롭고 행복한 새날을 소중하고 아름답게, 내가 사랑하는 모든 사람 들이 건강하길, 내가 아끼고 사랑하는 사람들이 행복하길….

사랑과 용서를 모르면 평화를 안다고 할 수 없다.

늘 봄날

김남선

그대가 꽃보다 아름다워
그대가 투명하고 순수하게 비추어 주는
마음 때문에

그대가 사랑보다 아름다운 것은
맑고 고운 향기로운 사랑을 하려는
마음을 가졌기 때문에

그대가 나보다 더 아름다운 것은
지순하게 모순을 던져 버리고 열정적으로
비추어 주는 마음을 가지고 있기 때문에

아침 햇살 담은 마음으로 사랑을 말하는
그대는 더욱더 꽃보다 아름다워

그대가 꽃보다 아름다운 것은
순백한 마음으로 영혼을 적시며

오직 아름다운 날들을 위해 헌신적으로
애쓰는 그대가 사랑보다 더 아름다운
향기로운 꽃이기 때문에

지금 이 순간…

인생 길

김남선

내 곁에서 변함없이
힘을 낼 수 있게
머물러 주소서.

한결같은 마음으로
가족처럼 보살펴 주시고
일상의 안부를 물어 주는 그대

우리의 인생은 그래서
아름다운 것 같습니다.

한결같이 이 글을 읽는
그대가 있어서 우리의 인생은
그래서 아름다운 것 같습니다.

항상 즐겁고 행복할 수는 없지만
오늘도 부드럽고 향기로운 마음으로
행복한 일들 가득 채우소서.

행복한 하루를 보내면서
감사합니다. 사랑합니다.
축복합니다. 고맙습니다.

화를 다스리기 위해서
전제되어야 할 것은
나에 대한 "화해와 용서"다

조순규

이메일: dodream0510@gmail.com
블로그: https://m.blog.naver.com/slpjo119

저자는 2007년부터 두드림심리지원센터를 운영하고 있으며 국제사이버대학교 겸임교수를 역임했고, 현재는 Anger Management Lab의 소장을 겸임하고 있다. 학교와 경찰서, 법원, 탈시설 장애인들의 심리지원 등 다양한 분야에서 활동하고 있다.

심리운동학 박사 과정을 수료하였고, 기독상담학과 언어병리학 석사를 하였다. 저서로는 《내면의 평화를 위한 화해와 용서》가 있다.

귀가 큰 아이가 있었어요

　귀가 아주 큰 아이가 있었다. 그 아이는 밤마다 거실에서 들려오는 소리에 귀를 기울이며, 한편으로는 잠을 자야 한다는 마음과 한편으로는 잠을 자서는 안 되는 마음, 이런 두 마음이 매일 밤 그 아이를 괴롭히고 있었다. 바깥에서 들려오는 작은 소리에도 잠을 깨어 일어났다 앉았다 누웠다 하는 것을 반복하고 있었다. 이 아이는 왜 잠을 자지 못하고 있을까?

　불안했다. "엄마, 아빠가 싸우면 어떻게 하나?" "혹시 무슨 일이라도 벌어지는 것은 아닐까?" 하는 마음에 불안해서 잠을 자려고 했지만 잠을 잘 수가 없었다. 아니 잠을 자서는 안 되었다. 이 아이는 왜 이렇게 힘든 시간을 보내야만 했을까? 나는 이러한 경험을 하면서 어린 시절을 보내야만 했다. 이러한 나의 모습을 들여다보는 것은 쉬운 일이 아니었다.

　버럭 '화'를 내는 엄마와 '화'를 내야 되는 대상에게 '화'를 내지 못하고 다른 대상에게 '화'를 내는 아빠, 이런 모습을 나 보다 먼저 겪어 자신도 똑같이 버럭 하는 형 그리고 이러한 상황을 회피하고 숨죽이고 있던 누나.

모두가 피해자이다. 행복하게 살아야 할 권리가 있음에도 불구하고 자신의 불안과 서로 기대에 미치지 못하는 관계로 인해서 모두가 피해자가 되어 버렸다. 신은 우리가 행복하게 살기를 원하셨을 것이고 그래서 우리를 창조하셨을 텐데 우리는 그러한 신의 혜택을 누리지 못하고 살아가고 있었던 것이다.

　그러한 삶은 그때의 힘듦보다 더 성장을 한 후 더 큰 힘듦으로 다가왔다. 이러한 삶의 고단함을 풀고 싶었고 해소하고 싶었다. 그런데 고개를 들어 이곳저곳을 보니 이러한 아픔은 비단 나만 겪은 것이 아니었다. 아마도 이런 상황은 조금씩 정도가 다를 뿐 많은 가정에서 있었을 것 같았다. 수정이네도 수철이네도 이런 아픔을 겪으면서 성장해 왔고 그렇게 아픔을 인내하면서 살았던 우리가 어느덧 그때의 부모처럼 우리도 부모가 되었다. 그래서 난 '화'라는 주제를 더 민감하게 반응을 했을 것이고 '화'를 해결하고 싶었다. 그래서 아이들이 행복하게 성장하기를 바라고 원하였다.

　'화'라는 주제는 양육에 있어서 너무도 중요한 요소이다. 지난 20여 년간의 현장에서 다양한 가족들을 만났다. 그중 많은 부분이 '화'에 대한 이야기이다. 부모도 아이도 서로에 대해서 화를 내고 있었다. '나를 봐 달라고', '나를 인정해 달라고', '나를 구해 달라고' 이렇게 큰 소리로 외치고 있는 경우도 있지만 소리도 내지 못하고 수동적으로 공격하는 모습으로 화를 표현하는 경우도 있었다.

우리 가정에서는 크고, 작은 일이 매일, 매 순간마다 벌어진다. 많은 부분이 '화'가 나기 때문이다. 사랑스러운 우리 아이한테 우리는 매일 화를 내고 있다. 그런데 부모들만 아이한테 화를 내는 것이 아니다. 아이들도 화를 낸다. 그것도 부모와 똑같은 방법과 똑같은 강도로 화를 내는 아이들을 보면서 이건 그냥 넘길 수 있는 일이 아니라고 생각을 하게 되었다.

우리의 가정생활로 들어가 보자. 엄마는 하루 종일 아이들을 육아하느라 몸도 마음도 지쳐 있다. 아이가 나의 말을 잘 들어주면(통제되면) 좋을 텐데 우리 아이들은 그렇지 않다. 엄마는 한 번, 두 번, 세 번까지 참다가 큰 소리를 내면서 아이의 행동에 대한 얘기가 아닌 엄마의 감정과 힘듦에 대한 이야기를 한다. 아이의 입장에서는 느닷없는 일이다. 아이는 억울하다. 아이는 다시 저항한다. 엄마는 힘으로 누른다. '버르장머리 없이', '어디서 엄마한테 소리를 질러'와 같은 말로 통제하려고 한다.

아빠가 일을 마치고 돌아왔다. 아이들은 아빠가 온 것이 너무 좋다. '아빠 놀자', '아빠 이거 하자', '아빠 이거 해 줘', '아빠 아빠 아빠'를 아이들은 찾는다. 아빠는 이렇게 나를 찾는 아이에게 최선을(?) 다해 놀아 주려고 한다. 그렇지만 문제는 체력과 심력이다. 점점 체력도 다잡은 마음도 다해 간다. 그때 "이것만 하고 그만하자."라고 좋게 이야기한다. 아이들은 '더 더 더'를 외치고 외친다. 이것이 반복되다가 아빠도

'화'를 낸다. "아빠가 여기까지 하자고 했지! 이제 그만!"이라고 버럭 한다. 지금까지 함께 놀아 준 시간과 애씀이 신기루와 같이 사라진다. 아이는 아이대로 아빠는 아빠대로 화가 나고 억울하다.

부모의 화로 인해서 아이들은 자신만의 동굴에 들어가 자신의 감정을 제대로 표현하지 못하기 때문에 위축되어 있고 이러한 위축이 성인이 되는 과정에 많은 걸림돌이 된다. 화는 비일관적인 양육 태도의 전형적인 모습으로 아이의 입장에서는 갑자기 혼이 나는 경험이 되기 때문에 아이들에게 심각한 영향을 끼칠 수밖에 없다.

그렇다면 왜! 도대체! 화를 낼까? 화를 내는 것이 문제 해결에 도움이 되는 것일까? 하는 의문이 든다. 그리고 화를 잘 내는 방법이 있을까? 화는 안 내는 것인가? 등등 여러 가지 의문이 든다.

나는 이번 집필에서 화의 유형과 유형별로 다루는 방법을 알려 주려고 한다. 지난 20여 년 동안 나는 수많은 아이들과 부모를 만나 왔다. 이것을 녹여 다양한 사례를 들어 설명해 주려고 한다. 이러한 마음 속에 숨겨져 있는 진짜 마음은 무엇인지를 오래된 현장 경험을 토대로 해서 설명을 하려고 한다.

부모들이 자신의 화에 대해서 이해를 하고 스스로 자기를 수용한다면 아이들의 억울함과 화를 이해하고 수용, 공감해 줄 수 있을 것이다.

여기서 가장 중요한 것은 부모가 아이들에게 화를 내는 이유가 아이의 문제가 아닌 부모 자신의 문제에서 비롯된다는 것을 잊어서는 안 된다. 이것이 바로 메타인지와 화를 다루는 방법이 만나는 지점이 된다. 부모는 나의 행동에 대해서 깊숙한 이해와 알아차림이 필요하다.

나 자신 즉, 부모 자신을 인정할 때 화라는 존재와 좀 더 친해질 수 있고, 제대로 아이들에게 감정을 표현한다면 즉, 화 뒤에서 숨어 있지 않고 있는 그대로를 표현한다면 우리의 사랑스러운 아이도 자신의 감정을 표현하는 데 있어서 거침이 없을 것이다.

'화'는 자신을 돌보는 가장 중요한 심리적인 기제이다. 따라서 화를 내지 않는 것이 목적이 아니라 화를 어떻게 잘 내는 것이 목적이 되어야 할 것이다.

이 책을 통해서 많은 사람들이 자신의 화를 인정하고 자신의 화에서 자유로운 Anger-free가 되었으면 한다.

모든 부모는 자기가 처한 상황에서 최선을 다한다. 그래서 나는 부모에게 이야기를 해 주고 싶다. 자기가 하고 있는 최선의 노력에 대해서 스스로 인정하고 격려해 주면 우리는 화를 올바르게 내는 양육이 가능하다.

'화'의 정체는 이거예요

수정이 엄마는 오늘도 버럭 하고 화를 냈다. 그렇지만 수정이 엄마는 화를 내고 있으면서도 '이건 아니구나!'라는 생각을 하면서 후회를 한다. 수정이가 하원을 하고 집으로 돌아왔다. 수정이는 여느 때처럼 엄마에게 이것저것 요구를 한다. 수정이 엄마는 수정이가 요구하는 것을 잘 들어주다가 갑자기 '버럭' 한다. 그 이유는 수정이가 엄마가 해준 간식이 맛이 없다고 하면서 투정을 부렸기 때문이다.

수정이 엄마도 '아이니까 그럴 수도 있지.'라고 생각은 하지만 그건 생각이고 감정은 그렇지가 않다. 왜 이렇게 화를 내는 것일까? 수정이 엄마는 사실 아이에게 화를 냈다기보다는 과거에 친정엄마가 본인한테 퍼부었던 비난을 다시 만나게 된 것이다. 엄마는 친정엄마에게 제대로 된 칭찬이나 수용의 경험이 거의 없었다고 한다. 그러니 수정이가 얘기 한 것이 마치 친정엄마가 본인한테 했던 말로 들렸고 그것 때문에 갑작스럽게 버럭 하며 화를 낸 것이다.

그렇다면 수정이 엄마는 어떤 감정을 만났기에 화를 낸 것일까? 아마도 수치심과 만났을 것이다. 이 수치심을 감추기 위해서 엄마는 버럭 하며 화를 낸 것이다. 화는 마치 행동대장과 같다. 화는 수치심, 죄책감, 우울감, 불안 등과 같은 감정을 숨기기 위해서 낸다. 따라서 우리가 화를 잘 조절하기 위해서는 '화' 자체를 조절한다기보다는 '화' 속에 숨겨진 진짜 감정을 알아차리고 그것을 해결하기 위해서 노력해야 한다. 수정이 엄마처럼 '수치심'이라는 감정을 만났다면 수치심을 다뤄줘야 화를 줄일 수 있게 된다.

나는 어떤 화를 내고 있나?

화를 분류하는 기준은 다양하다. 어떤 사람은 공격적인 화, 수동적인 화, 수동공격적인 화 등으로 분류하는 사람도 있고, 어떤 사람은 돌발적인 화, 잠재적인 화, 생존을 위한 화, 체념성 화, 수치심에 의한 화, 버림받음에 비롯된 화 등으로 나누기도 한다.

그렇지만 필자는 화를 딱 두 가지로 나누고 싶다. 첫 번째는 화의 근본적인 목적대로 내는 화이다. 즉, 올바른 화이다. 화는 문제를 해결하기 위한 것이기 때문에 '화'를 통해서 문제를 해결한다고 하면 그것은 문제가 되지 않는다. 예전에 기다리던 버스가 왔는데 정차하지 않고 지나가고 있어 달려가서 버스를 붙잡았던 적이 있었다. 기사에게 왜 정차를 하지 않았냐고 묻고 공식적으로 버스 회사에 항의를 한 적이 있었다. 이러한 것이 올바른 화가 될 수 있을 것이다.

두 번째로 왜곡된 화이다. 왜곡된 화는 화로 다른 사람을 통제하려고 한다거나, 너무 오랜 시간 동안 화를 낸다거나, 정말 화를 내야 할 대상한테 내지 않고 다른 사람한테 낸다거나 하는 것이다. 이러한 경우를 예로 들 수 있다.

30대 후반 부부가 있었다. 이 부부는 겉보기에는 좋은 관계이다. 외

출할 때는 어김없이 손을 잡고 다니고 아직 아이가 없기 때문에 자유롭게 여행도 가고 취미생활도 즐길 수 있었다. 문제는 아내가 남편의 의도에 따라서 움직인다는 것이다. 남편이 하자는 대로 거의 대부분을 한다. 남편이 좋아하는 낚시를 가자고 해도 아내는 한마디 하지 못하고 따라나선다. 당연히 불만이 쌓인다. 그런데 그 불만을 풀어놓을 데가 마땅치 않다. 아내는 화가 날 때마다 친정엄마를 만난다. 친정엄마를 만나면 짜증을 내고 작은 일에도 소리를 지르는 등 화를 참기가 힘들다. 남편에게 낼 화를 친정엄마에게 내고 있으니 자연스럽게 엄마와의 관계도 서먹해지고 무엇인가 불편하다.

위와 같은 예처럼 왜곡된 화는 여러 가지 형태로 나오게 된다. 이것을 잘 알아차려야만 화를 해결할 수 있게 된다. 우리는 지금 어떤 화를 주로 내고 있는지 생각해 보자.

욱하는 성격 고치기 3.5가지 방법

 욱하는 성격 고치기…… 쉬울까? 어려울까? 아니면 욱하는 성격을 고치는 것이 가능은 한 걸까? 또는 욱하는 성격은 어떻게 만들어지는 걸까? 혹시 욱하는 과정을 알면 고치거나 줄일 수 있을까? 컨설팅을 했던 어떤 어머니가 이렇게 이야기를 했었던 게 생각이 난다.

 "한두 해 이렇게 산 것도 아닌데 이게 고쳐질까요?"
 "제가 가지고 있는 상처가 있는데 그것 때문에 욱하는 건데 고쳐지겠어요?"
 "안타깝지만 이렇게 생각을 하면 바꿀 수가 없지요."
 이런 대화가 오고 갔던 것이 생각이 난다.

 욱하는 성격을 고친다는 것이 가능한 건지? 생긴 대로 살다 있는 상처 없는 상처 주고받으면서 사는 일이 맞는 것인지….

 그러다 문득 "왜! 난! 주위의 소중한 사람들에게 그렇게 못되게 굴었을까?"라고 후회하면서 쓸쓸히 소주잔을 기울이고 있지는 않을까….

 본격적으로 욱하는 성격을 고치는 방법은 다음과 같다. 그 전에 우리 한번 상상을 해 보자. 우리가 욱하지 않고 평소 사람들과 즐겁게 식사하고 즐겁게 같이 일하고 웃으면서 헤어지는 장면을 상상해 보면 어떤가? 너무 행복하지 않은가!

집에서는 또 어떤가? 아이들과 웃으면서 여행지를 정하고, 아이들과 웃으면서 외식할 장소를 정하고, 아이들과 웃으면서 마트에 같이 있는 모습을 상상해 보면 우리는 아마도 입가에 미소를 가득 지을 것이다. 이와 같은 것들이 우리의 일상이 되려면 다음과 같은 것을 실행에 옮겨야 한다.

먼저 1단계는 분노일지를 작성해 보는 것이다. 우리는 우리가 어떠한 상태인지를 알아야 문제를 해결할 수 있다. 일지를 쓰라는 말은 너무도 많이 들었을 것이다. 그런데 이것만큼 탁월한 효과를 발휘할 수 있는 것이 없다. 항상 같은 얘기가 반복된다는 것은 그만큼 중요하다는 것을 반증하는 것이다.

욱하는 성격을 고치기 위해서는 내가 언제 '욱'하고 있는지를 알아야 한다. 예를 들어서 아이가 등원할 때 나는 욱한다. 또는 밥을 먹지 않는 아이를 보면 욱한다. 아이를 재워 놓고 나서 해야 할 일이 있을 때 화를 낸다.

이런 것처럼 상황도 체크, 시간도 체크, 관계도 체크를 해 보는 것이다. 예를 들어 '상황: 아이가 하원함/시간: 오후 5시/관계: 사랑스러운 내 아이' 이렇게 간단하게라도 적어 놓으면 이것이 데이터베이스가 되어 내가 언제 좀 더 조심해야 하는지를 알 수 있게 된다. 또한 이럴 때 나의 컨디션까지 체크를 한다면 더 훌륭한 정보가 될 수 있다.

날짜	대상(관계)	상황	시간대	컨디션	기타

이렇게 체크하면 된다. 그럼 아마 내가 욱하는 특정한 상황, 시간대, 어떤 사람이 보일 것이다. 1단계를 잘 마무리를 했다면 2단계로 넘어가야 하는데 1.5단계가 하나 있다. 그건 바로 이런 상황에서 느껴지는 감정은 무엇인지를 같이 봐야 한다.

앞서 얘기했듯이 '화'는 단독으로 행동하지 않는다. 그러니까 화가 나면 그 이유는 다른 데 있다는 것이다. 창피해서 화를 낼 수도 있다. 죄책감 때문에 화를 내기도 한다. 또 불안감 때문에 화를 내고, 억울함 때문에 화를 내고, 수치심 때문에 화를 낸다. 다양한 감정과 감정이 만나 '화'로 표현되게 하는 것이니 이걸 파악하는 것이 중요하다.

그럼 1~2단계에서 분노일지도 적어 보고 감정도 알았으니 5초의 기적을 행할 때이다. 5초의 기적은 화가 올라왔다가 가라앉는 최소한의 시간이 약 5초가 된다. 이건 물 한 모금 정도 마시기에 적당한 시간이다. 천천히 조금씩 마시면 된다. 이렇게 하면 뇌에서 위험한 일이 아니고 긴급한 일이 아니라고 인식을 해서 정상적인 인간의 뇌의 활동을 하게 된다(분노, 불안은 뇌에서 위험한 일이라고 인식을 해서 사고할 수 있는 전두엽의 역할을 생략하기 때문에 급작스럽게 나타나게 되는 것이다).

분노일지를 쓰고 감정을 알고 올라오는 화를 조절하기 위해 5초의 기적도 행하였다. 3단계는 이렇게 했을 때 어떻게 나의 행동이 변화되어 가는지를 생각해 보고 느껴 보는 것이다. 좀 막연하다고 생각이 들 수 있기 때문에 다음과 같이 해 본다면 감을 잡을 것이다.

욱하는 정도의 점수를 생각해 보는 것이다. 내가 지금 욱하는 정도가 10점 만점에 몇 점인지를, 엄청나게 소리를 지르면서 격하게 화를 내는 것을 10점이라고 하면 지금은 몇 점 정도 되는 것 같다. 이렇게 적어 보면 된다. 그리고 평상시에는 내가 화를 잘 조절하는 모습을 구체적으로 상상해 보는 것도 좋은 방법이다.

양육할 때 화가 왜 중요할까?

철수네 집은 조용하다가 갑자기 소리가 올라간다.
여기서 '욱', 저기서 '욱'
엄마도 '욱', 아빠도 '욱', 아이도 '욱'
참지 못하고 '욱 욱 욱 욱' 한다.

학교 갈 시간! 아침에 철수를 깨우는 것부터 시작된다. 오늘 하루도 잠시 참다가 다시 버럭 하고 화를 내는 것으로 시작된다. 근데 이거 아시나요?

우리가 가장 많이 화를 내는 대상이 누구인지? 부모, 친한 사람(친구, 친척 등), 우리 아이. 이렇게가 화를 제일 많이 내는 대상이다. 세 집단의 공통점은 우리가 사랑하는 사람이라는 것이다. 우리가 상처를 가장 많이 주는 사람도 부모이고 반대로 상처를 가장 많이 받는 사람도 부모이다. 그건 바로 동일시해서 그렇다. 내 생각이 엄마 생각이고, 엄마 생각이 내 생각이라고 생각하는 그런 심각한 착각을 하기 때문이다.

2011년 아동 학대 건이 6,058건이던 것이 2020년에는 3만 905건으로 엄청나게 증가했다는 사실. 정말 놀랍지 않나! 그럼 분노(화)는 얼마나 좋지 않은 영향을 줄까? 많은 연구결과가 끔찍한 상황을 보여 주고 있다. 가파르게 올라가는 것을 보면 정말 모른 척하고 지나갈 수 있는 문제가 아닌 것이다.

분노를 적절하게 해소하지 못하면 다양한 스트레스와 노이로제 증상에 시달리게 된다. 그리고 적대적 태도로 인한 대인관계의 갈등이 생겨서 주변에 있는 사람들이 멀리하는 경우도 종종 생겨난다. 관계가 좋지 않게 되어 언어적·신체적 공격인 폭력, 관계 파괴에 이르는 파국을 불러오고 화병을 얻어 극단적인 자살로까지 이어지게 된다는 연구 결과가 있는데 정말로 끔찍하다. 여기서 멈추면 좋겠지만 화로 인한 피해는 계속 보고되고 있다.

분노의 피해는 부정적인 자아개념을 갖게 되어 매사에 자신감도 없게 되고 그리고 이러한 자신의 모습을 감추기 위해서 다시 화를 내는 악순환이 된다. 화는 화를 부르게 된다. Robbins는 '분노는 심지어 의학적으로 암, 심장질환, 당뇨병, 고혈압 등 여러 질병을 일으킨다.'라는 연구 결과를 발표하기도 했으며, 많은 연구자들이 화로 인해서 심각한 문제가 발생될 수 있다고 경고를 한다.

또한 많은 연구자들이 분노가 높을수록 사회적응 수준이 낮아지고 문제행동이 증가할 가능성을 가지므로, 분노가 높은 사람에 대하여 분노 관리 및 분노 범죄 예방 교육과 상담 및 치료개입의 필요성을 이야기하고 있다. 우리는 한 번 화를 냈을 뿐인데 이런 어마무시한 일들이 벌어지게 된다는 것이다.

그리고 Beck은 '분노는 사건 자체에 의해서 유발되는 것이 아니라 개인이 분노 유발 사건에 대한 주관적인 해석이나 의미 부여에 의하여 유발된다.'라고 하였다.

위에서 열거한 것처럼 우리는 화를 너무 관대하게 다뤄서는 안 된다. 그래서 누구나 화를 낼 수 있지만 누구는 화를 안 낼 수도 있다는 이야기인 것이다. 같은 사건을 경험해도 누구는 화를 내고 누구는 웃으면서 지나간다는 것은 그 사건이 문제가 아니라 그 사건을 어떻게 바라보고 있느냐가 더 중요하다는 것이다.

즉, 화는 문제에 집중할 것인지 관계에 집중할 것인지를 생각해 보면 충분히 조절할 수 있게 된다. 화가 양육에 너무도 많은 영향을 미칠 수밖에 없다는 사실을 다시 한번 느낄 수 있을 것이다. 한 번의 버럭 하고 화를 내는 것이 우리 사랑스러운 사람에게는 깊숙한 상처가 될 수 있다는 것을 잊지 않았으면 좋겠다. 마치 뜨거운 용광로에 들어가 있는 듯한 아픔을 겪게 될 수 있다.

그럼 우리는 어떻게 해야 할까?

'화'를 잘 다룬다는 것은 좋은 인간관계를 맺을 수 있다는 것이다. 그리고 인간관계를 잘 유지할 수 있다는 것이고, 아이에게는 편안하고 안정된 부모가 된다는 것이다.

화를 잘 다루기 위해서 적용할 수 있는 팁은 다음과 같다.

메타인지로 화를 다루는 것이다. 그러한 방법 중 일부를 소개하려고 한다.

1. 화가 나는 대상자를 생각해 보세요.
2. 그중 한 명만 생각해 보세요.
3. 이 사람에게 가장 많이 화가 나는 시간을 체크해 보세요.
4. 시간을 체크한 후 어떤 상황인지를 체크해 보세요.
5. 1~4번까지 모두 체크를 해 보았다면 그 대상자에 대한 마인드맵을 그려 보세요.
6. 생각나는 대로 모두 적어 보면 내가 허용할 수 있는 부분이 나오고, 내가 통제할 수 없는 부분이 보일 것이고 실천해 보면 됩니다.

1~6번까지 실천해 보면 나의 화를 조금씩 조절할 수 있을 것이다.

화를 조절한다는 것은 단순히 화를 조절한다는 의미를 넘어 원만한 인간관계뿐만 아니라 사랑하는 우리 가족, 친구들을 잃지 않고 즐겁고 행복하게 살 수 있다는 것을 의미한다.

우리는 누구나 화를 내지만 누구나 화를 조절할 수는 없다. 즉 화라는 감정을 잘 알아차리면 내 감정을 잘 조절할 수 있게 되고, 잘 조절

된 감정(화)은 나를 들여다볼 수 있는 기회가 더 많아지기 때문에 타인에 대한 이해의 폭이 넓어진다. 따라서 우리는 다른 사람을 용서하고, 다른 사람에게 용서받을 일 자체가 줄어들 수 있다. 그래서 화를 잘 다루는 방법을 알고 연습하고 실행해서 나뿐만 아니라 내 주변에 있는 사람들까지 행복하게 만들 수 있는 우리가 되길 간절히 바란다.

인생 다락방

이우자

이메일: leewjhappy@gmail.com
블로그: leewj0820@naver.com
유튜브: 스마일쌤TV @lwj3355

경력
- 창의인재평생교육원장/한국강사협회정회원/한국이혈문화센터대표/상명대, 고려대평생교육원교수/송파여성문화회관/광진문화재단 취·창업강사/귀심리상담전문강사/송파구자원봉사회상담가/사회복지협의회어울림봉사단장/충효예운동본부총자

수상
- 대한민국교육대상수상/신한국인사회부문대상
- 도전한국인상/신지식인상수상/대한민국자원봉사대상
- Kt사장상/송파구청장상/체신부장관표창

출간
- 《몸소통 이혈요법》
- 《대표강의》
- 《안녕, 목요일》
- 《5차 건강혁명시대 통합자연치료》
- 《내면의 평화를 위한 화해와 용서》

출연/출강
- 황금연못패널 Kbs, Mbc, 머니투데이, Fm방송 출연
- 공공기관 기업체 주부대학 지자체 출강 및 해외 강의

인생은 경험 따라 성숙한다

　억울함이 쌓이면 분노가 생기고 시간이 지날수록 상처가 되어 몸과 마음에 자리를 잡고 흔적을 남긴다. 생존 경쟁에서 함께 살아가는 삶 자체가 고통이다. 관계 안에서 자신이 부당하게 취급받았다는 생각이 들면 민감해진다. 잠도 설치고 가슴이 시리고 아프고 밥을 제대로 삼키기 어려운 상황도 맞을 것이다. 이때 현실을 냉정하게 직시하고 받아들여서 빨리 잊어버리는 것 외에 답이 없다는 것을 알게 되기까지엔 시간이 많이 걸린다.

　필자도 직장생활을 하며 홀시어머니 외아들 시집살이를 오랫동안 겪으며 살았다. 어머니 떠나신 지 23년이 되었다. 인내로 견뎌 온 세월들은 지혜로움보다 남의 눈과 집안 체면 지키느라 희생양을 자처했다. 친정이나 형제자매 친구에게도 말 못 하고 혼자 삭이며 인내하던 세월은 남에겐 덕으로 보였지만 언제나 내 뜻을 포기하는 결정 장애가 되었다. 긴긴 회한의 세월은 질병의 고통으로 남아서 아직도 그때 상처가 아물지 않고 가슴속 아픔으로 남아 있다. 드라마 내용처럼 잊히지 않고 고스란히 기억 속에 자리 잡고 있다. 어쩌다 누가 먼저 시비를 걸거나 불을 지피면 분노가 화살처럼 불쑥 솟아오른다. 이런 이유로 과거의 그 현장 속에 머무르는 경우가 종종 있다.

아픔은 영원한 것이다. 이젠 나도 잊고 살고 싶은데 말이다. 주변 지인들은 내 고생 스토리를 대수롭지 않게 여길지 몰라도 나에겐 잊을 수 없는 사건들이다. 타인의 억울함이 그들에게는 흥밋거리가 될 뿐이다. 기분 좋은 말도 여러 번 들으면 지겨운데 즐거운 일도 아닌 이야기를 들어 주는 것도 고역일 것이다. 자기와 상관없는 관심 밖의 문제는 주변인들을 피곤하게 한다. 아무 일 없던 사람처럼 입을 다문 채 살아가지만 마음 깊은 곳을 차지하고 있다.

젊고 힘 좋을 때 이유 없이 트집 잡고 휘둘러 대던 매서운 시집살이 근성이 주변을 서성거린다. 무릎 꿇고 용서를 빌어도 안 풀릴 것 같은 무거운 감정 덩어리들을 내려놓았다. 죽기 전에는 용서할 수 없을 것 같은 시누이 부부에게 화해의 손길을 내밀었다. 제주살이로 떠난 지 몇 년이 지난 후 집안 혼사에서 이사 간 것을 알았다. 다툰 일도 없는데 늘 나쁜 에너지를 보냈지만 그러려니 하고 살았다. 그 후 1개월에 한 번씩 서울 집에 왔다는 소식을 남편에게 듣게 되면서 제주도로 가기 전 식사 함께 하자는 말을 한 후 연락이 없어서 물어보면 갑자기 떠나는 바람에 식사는 누나랑 둘이 먹었고 어제 갔다는 식의 답변을 몇 번 들을 뿐이다.

항상 이런 식으로 집안 분위기가 조성된다. 제주도로 떠나기 전까지 해마다 고모부님 생신날을 챙겨 식사 대접을 했었다. 도덕과 가치관을 따르는 내가 잘못을 하면 얼마나 큰 잘못을 하겠는가? 직접 대놓고 부르지도 않는 고모부라는 호칭도 트집거리가 되니 사람을 만만하게 봐도 한참 잘못 본 것이다. 친가나 처가에서 안하무인 언행이 잘못된 행동임을 모르는 것일까? 때론 어머니께 불손한 모습을 보일 때면 왜 저러시나 싶었지만 어머니는 사위이니까 사사건건 트집 잡는 까다로운 성격을 받아들이고 참아 주는 것 같다. 사실은 나를 못살게 구는 행동이기에 당사자인 나는 참고 살자니 힘들었다. 처남댁을 생각하는 이가 고모부라는데 핏줄이라고는 딱 두 남매 뿐이라 집안 편하기 위해 수시로 트집 잡는 시누이 부부 행동이 정도를 넘을 때마다 기분이 좋지 않았지만 참을 수밖에 없었다. 살아갈 날이 많지 않은 연령인데 친가나 처가 친척에게 마음을 닫고 사는 것이 안타깝다.

제주도 여행 간 김에 큰 마음 먹고 일정을 취소하고 연락을 했으나 답변이 없다. 다음 날도 혹시 싶어 지난날 서로의 잘잘못 내려놓고 서로 용서하며 살자는 메시지도 보내고 전화를 해도 무응답이다. 때리는 시어머니보다 옆에서 말리는 시누이가 더 밉다는 옛말이 그냥 나온 게 아님을 느끼게 된다. 세월이 많이 흘러 아픔을 겪으며 그들을 용서하기 위한 기도를 많이 한 덕분인지 나는 편안하다. 이유 없이 당한 사람은 용서도 하고 화해를 청하지만 마음의 문을 꼭 잠그고 자신들의 노년을 제주살이 즐기며 살아가는 그분들이 안타깝기만 하다.

고백소에서 신부님께 시누이 부부 관계에 대해 수차례 고백을 하고 나면 마음이 가볍다. 내 할 몫은 할 만큼 했으니 억지로 가깝게 지내려고 하지 않아도 된다며 보속을 준다. 그분들의 성격을 아는 주변 친척 지인들도 이젠 내 건강이나 잘 챙기며 편안하게 살라는 조언을 해 준다. 무거운 짐을 내려놓은 것 같다. 분노는 갈등을 낳고 그로 인한 스트레스는 질병의 원인이 되기도 한다. 변화하려는 노력 없이 타인의 상처를 깊게 파는 일이 없었으면 좋겠다.

사람의 성숙에도 분노가 따른다. 무언가를 할 때 장애물이 놓여 있을 때 발생하는 감정이다. 건강한 분노를 많이 느끼고 때때로 표출하는 것은 인생을 더 나은 단계로 끌어올리는 데 충분한 에너지가 될 수 있다. 건강한 분노를 많이 느끼다 보면, 상처 주는 부정적 분노는 자연히 줄어들게 된다. 마음 그릇이 한층 커지기 때문이다. 분노는 어떤 경우에는 마음의 불이라 할 수 있다. 이 불이 너무 거세면 자신을 태워 버리지만, 잘 조절할 수 있다면 더 나은 미래로 발전할 수 있는 것이다.

화는 참지 말고 적절히 내야 마음이 건강해진다고 한다. 그런데 화라는 것이 어디로 튈지 모르는 것이어서 이를 잘 다루지 않으면, 상대는 물론 자신도 다치게 할 수 있다. 분노의 상당 부분은 화풀이 격이 짙다. 당신은 대하기 어려운 상대에게 화풀이를 못 하고 만만한 사람에게 화를 낸 일이 있는가? 대부분은 쉬워 보이는 상대나 만만한 사람과 가족들에게 화를 낸다. 필자는 시어머니께 받은 스트레스를 어린 아이들에게 푼 일이 평생 걸린다. 딱 한 번의 실수로 아이들이 받았을 내면의 상처를 생각하며 용서의 기도를 자주 청한다. 내 손주 손녀들은 부모의 내면 아이로 인해 상처받지 않도록 어떤 상황에서도 매를 들지 말라는 말을 한다. 생활에서 잘 실천하는 아들 며느리를 보면 대견하고 뿌듯하다.

분노는 마음과 몸에 동시에 발생하는 현상이란 특성을 갖고 있다. 분노가 일어나면 뇌에서는 이와 관련된 신경전달물질의 수치가, 몸에서는 스트레스 호르몬 수치가 급격히 상승한다. 화가 솟구칠 때 우리는 감정적으로도 흥분하지만, 판단력도 잃게 된다. 이 점에 대해서는 특히 공감하는 분들이 많을 것이다. 화가 나면, 이성을 잃기 때문에 내가 무슨 말을 했고 어떤 행동을 했는지 정확히 기억하지 못하는 이들도 많다. 분노의 특성은 중독이 될 수 있다는 점이다.

가정이나 직장 이웃 안에서 만남을 통한 인간관계는 매일 반복된다. 필자 또한 5급 승진과 연말 표창 문제로 가슴앓이를 한 적이 있다. 술수, 조작 아부하는 부류는 어디서든 있게 마련이다. 문제와 관련된 당사자는 무척 고통스럽다. 인사위원회에서 결정된 연말 산업시찰 대상자로 선정이 되었다는 연락을 받았다. 휴가에 산업시찰 포상이라는 기쁨의 순간이 너무 짧았다. 마지막 결재를 위해 서류는 부속실에 대기 중이었다. 그 사이에 노조위원장이 들어가 여직원보다 남직원에게 승진 기회를 주자는 빌미로 몇 시간 쑥덕공론 후 결재서류가 반려되었다는 통보를 받았다. 이미 결재를 올린 부장과 인사담당이 미안해하며 그런 사실을 알려 줄 때의 기분은 말로 표현할 수가 없었다.

7인 인사위원회가 다시 열렸고 연말 표창이 아닌 다음 해 상반기에 주겠다고 했다. 자존심이 상한 나는 그런 상 받을 필요가 없다며 언짢은 반응을 보인 후 다음 해 상반기 시상식 때 강당으로 올라가지 않았다. 그 일 이후 비전산직 현업 발령으로 전자계산소를 떠났다. 현업에서 다시 본부 인사부에 파견 발령 나가게 되었다. 모든 인사 정보를 관장하는 곳에 근무하니 그 당시 얄팍한 수단을 부린 관서장이나 노조지부장이 정보를 얻기 위해 수시로 들락거린다. 왜 그분들이 유별난 행동을 하는지 그때서야 알았다.

　지극히 겸손한 자세와 지나치게 예를 갖춘 90도 각도의 인사는 동향이 아닌 나와 직원들에게 상처가 되었다. 승진 때마다 관서장이 동향이라는 이유로 쑥덕공론을 하며 직원들을 저울질하던 노조지부장이 퇴직 후 살아가기가 무척 어렵다는 소식을 들으니 마음도 아프다. 한순간의 사건일 뿐이지만 지금도 그 일들을 떠올리면 유쾌하지는 않다. 포상과 승진은 직장인들에겐 최고 관심거리이다.

　당시는 그 일이 세상 결단을 낼 것 같았지만 모든 것은 시간이 해결해 준다. 잠을 설치고 밥맛이 없어 고통스러웠던 것도 성숙하는 과정이다. 이런 일이 없으면 좋겠지만 모두가 내 마음 같지 않기에 경쟁 집단에서 생긴 일화이다. 과거에 오래 머물며 상처가 될 일은 아니다. 몇 년 전 우리 동네 입구에서 우연히 만난 그를 자연스레 대하는 필자는 편안하게 손 내밀며 악수를 했다. 쑥스러워하는 작은 모습을 보며 사람은 누구에게나 바른 행동을 해야 함을 느끼게 된다.

당신의 하루 안녕하신가요?

　2차 백신 아스트라 제니카 접종 10일째 되는 날 아침에 일어나려는데 팔다리가 움직이지 않고 일어날 수가 없다. 물리적인 압박이나 사고, 무리한 신체 행동도 없었다. 평상시에 없던 일이라 대수롭지 않게 여기며 침대를 잡고 일어나려 버둥거려 봤지만 수족이 말을 듣지 않는다. 몇 분을 씨름하다 간신히 일어나 한 발을 떼어 놓았다. 순간 척추와 허리가 무너지듯이 밑으로 내려앉으려는 것이다. 침대에 털썩 주저앉았다. 일어서는 동작이 몇 번 반복되었다.

　한참을 추스른 후 허리에 양손을 지지하여 엉거주춤 식탁으로 나올 수 있었다. "아이구 허리가 이상하게 건물 내려앉는 것처럼 그러네." 했더니 식사를 차리던 남편이 못 알아들었는지 반응이 없다. 척추 골반이 내려앉을 듯했으나 통증이 없으니 집안에서 조심조심 3일을 보내고 있었다. 4일째 되는 날 아침 이번에는 견갑골 쪽과 앞가슴 갈비뼈 부분이 포클레인으로 찍어 올리는 듯한 극심한 통증 동반과 함께 움직이는 동작마다 아파서 수저 드는 것도 쉬운 일이 아니다. 상상도 할 수 없는 일이 닥친 것이다.

　3차 병원, 1차 병원, 한의원을 전전하는 동안 의심되는 검사를 모두 했다. 약 종류만 쌓여 갈 뿐이다. 온몸이 뻣뻣한 것은 기본이고 고개 돌리는 것도 로봇 같다. 일단 혈전을 막기 위한 노력을 적극적으로 했다. 심근경색이나 뇌 쪽 문제를 염려하여 혈액이 잘 흐르도록 지속적으로 약 복용을 하다 보니 위장이 나빠져 음식 섭취도 어렵게 되었다. 부작용이 생긴 것이다. 시간이 흘러갈수록 증상은 심해져 가고 뚜렷한 검사 결과와 병명도 없다.

　답답한 사람이니 이곳저곳에서 검사를 한다. 환자의 심각한 상태를 확인하신 선생님들께서 불행 중 다행이라는 듯 검사 결과에 안심하신다. 그 병이 아니어서 다행이라는 안타까운 표정만이 위로가 될 뿐이다. 혹시 싶어서 다른 병원에 전화 예약하면 증상을 듣고는 빨리 응급실로 가야 된다며 예약을 받지 않았다. 이런 상황이니 날이 갈수록 여기저기서 처방해 주는 약이 세 서랍에 가득 쌓여 간다. 병원마다 약 처방을 해 주니 처음에는 열심히 복용했지만 갑자기 몸이 더 불편하면 복용을 중단하거나 상담 후 다른 약으로 교체하는 등 시행착오를 겪으며 회복하려 노력했다. 그 동안 병원만 믿고 다니다가 진전은 없고 응급상황을 6번씩이나 겪었다.

　몸을 가누지 못하는 본인에겐 응급상황이지만 환자가 넘쳐 나는 그곳에서는 사경을 헤매는 중이라도 코로나 검사가 우선이었다. 응급실 대기실에서부터 환자가 너무 많았다. 생과 사의 갈림길에 놓여 있는 이들을 위해 수고하시는 의료진들의 노고가 크다. 화장실에서 소리 내어 흐느껴 우는 보호자의 슬픈 울음소리가 애달프게 들린다. 두려움이 드리워진 얼굴들, 걱정스러움과 망연자실한 표정들, 환자의 축 늘어진 모습이 내가 보고 느끼고 겪은 응급실 상황이다. 사람이 살고 죽는 생사의 갈림길이 종이 한 장 엎었다 뒤집었다 하는 순간임을 느끼게 된다. MRI 검사 소견 이상 없으면 밤새 시달린 후 축 처진 육신은 입원도 못한 채 집으로 돌아와 투병을 해야 했다. 소소하고 평범했던 내 일상이 사라져 버린 것이다.

근면 성실함으로 잘 살아 왔다는 자부심을 가진 사람이 어느 날 갑자기 차려 주는 밥이나 먹는 장애인 신세가 된 것이다. 상상도 할 수 없는 일이다. 손가락 하나 까딱하기도 어려울 정도로 장애 상태는 심각했다. 하루 이틀이 지나고 한두 달을 보내면서도 '내일이면 좋아지겠지.'라는 희망으로 치료에 집중했다. 병원, 한의원을 드나들며 하루하루를 그 순간에만 집중하며 아무 생각 없이 보냈다.

척추와 골반 통증은 밤낮없이 잠시도 쉬지 않고 육신을 괴롭혔다. 척추 골반이 무너지니 식사 때 잠시 일어나 앉는 것도 고통스러웠다. 거기에 어지럼증이 심한 날은 온몸에 식은땀이 나기 시작하고 음식 섭취가 불가능했다. 머리를 식탁 위에 비스듬히 기대고 앞가슴으로 식탁에 의지한 채 의자에 앉은 모습은 앞날을 예측하기 어려운 장애 상태였다. 신경계에 이상이 있는지 보행 불편과 얼음같이 차가운 수족, 다리 마비, 구토와 어지럼증, 이젠 이명증까지 동반되니 살아 있어도 산 목숨이 아니었다. 백신 후유증 환자는 증상만 있을 뿐 특별한 치료법이 없다. 그렇다고 병원이나 한의원이 손을 놓고 있는 것도 아니다.

어디를 가도 환자들이 넘쳐 났다. 후유증 환자들이 이렇게 많은데도 정부나 방송에서는 부작용, 후유증 환자들에 대한 언급이 없다. 질병관리 본부에 전화하기도 어렵지만 어쩌다 한 번 전화 소통이 되어 이런 증상일 때 어느 병원, 어디를 가야 하는지 물어도 상담원이라 모르겠단다. 모든 채널, 방송을 전면 중단한 채 전염되면 곧 죽을 것처럼 전하는 상황실 모습과 달리 실지로 당하는 사람들을 위한 대안 대책이 전혀 없다. TV에서 하루 종일 코로나 확진자 숫자를 발표하는 상황실은 나 같은 환자들에 대한 구체적인 강구책도 없고 무방비 상태인 것 같다. 대책 없이 국민들 불안 조장만 하는 분위기 조성뿐이다. 백신이 안전하니 몇 차 백신을 맞으라는 홍보뿐이다.

1차 백신 맞고 다음 날부터 엄지손가락 크기의 두드러기가 온몸에 돋아나 가려움증으로 잠을 청할 수 없다. 앉기만 하면 졸리는 증상으로 면역 주사도 맞고 영양제도 맞았다. 알레르기 반응 검사에서도 특이 사항이 없다. 뭔가 께름직한 기분이 들어서 남편에게 나는 2차를 안 맞겠다고 말했다. 마침 TV에서 문 대통령이 국가가 책임진다며 안전하니 맞으라는 방송이 나왔다. 백신이 모자라서 빨리 예약을 해야 맞을 수 있다는 방송도 거짓이었다. 우연히 들러서 물어보니 언제라도 맞을 수 있다며 일정을 잡아 주었다. 많은 이들이 부작용에 대한 걱정 반, 접종 안 하면 식당이나 마트도 갈 수 없는 여건 형성에 어떻게 해야 할지 갈등하다 백신 주사를 맞은 것이다. 본인 의사와 상관없이 맞아야 하는 백신 접종으로 삶의 질이 송두리째 무너져 내린 계기가 된 것이다.

다람쥐 쳇바퀴 도는 듯한 치료로 투병 시간들을 보낸 지 벌써 20개월째이다. 위험고비는 넘겼으나 지금도 통증이 덜했다 더했다를 반복하며 조금씩 좋아지는 듯하나, 기간이 길어질수록 계속 이런 상태로 지내게 될까 봐 걱정도 된다. 집 안에서 살살 움직이는 것과 밖에서 걷는 것은 차이가 있다. 밖에서 걸어 보고 조금 더 먼 곳을 다녀 보니 내 건강상태가 어느 정도인지를 알게 된다. 해결책이 없으니 몇 걸음이라도 걷기로 작정했다. 귀 마사지와 민간요법도 활용했다. 10분이면 가던 길이 십 리 길 같다. 어지럽고 힘이 없어 결국 더 걷지를 못하고 입구 벤치에 앉았다. 절친이 가쁜 숨소리에 조금씩 걸으면 더 좋아질 거라며 위로의 말을 건넨다. 말로는 위로를 하지만 그의 얼굴에 수심이 가득하다. 걸을 수만 있으면 몇 걸음씩이라도 걸으며 다시 일어나야겠다는 삶의 욕구가 생긴다.

신호등을 제 시간에 못 건너가니 마음만 바빴지 몸은 저만치에 있다. 수시로 밖에 나가 걸어 보려 하지만 의욕일 뿐이다. 몇 걸음이라도 걷고 벤치에 잠시 앉았다 오는 것도 힘이 든다. 아파트 단지 내를 걷는 것보다 붐비지 않는 집 근처 백화점 명품관 쪽에는 아는 사람이 없어 좋다. 힘들면 소파에 앉아 부담 없이 있다가 온다. 날씨와 상관없는 실내이니 나에겐 최적의 운동 장소이다.

몸무게가 5kg 빠진 초췌한 모습은 명품관에 어울리는 고객은 아니나 한적한 그곳을 놀이터 삼아 다녔다. 건강할 땐 갖고 싶은 것도 있고, 마음에 드는 물건을 구매하고 싶은 충동도 생기더니 몸이 아프니 좋은 것도 없고 입고 싶은 옷도 없다. 명품관 측에서 보면 격에 맞는 고객이 아닌 것이다. 그렇지만 일상생활에 필요한 물건 구입과 롯데마트를 이용하는 VIP 고객이라 비가 오나 눈이 오나 내 집처럼 드나드는 편안함이 있어 좋다. 유일한 나의 쉼터 고마운 곳이다

동네에서는 아는 사람과 정면으로 마주치면 인사를 안 할 수도 없고 말없이 고개만 끄덕인 후 얼른 비켜 간다. 말하는 것도 힘겹지만 많이 아프다는 것을 알게 된 순간 대화의 중심에 오르내리는 것이 싫은 것이다. 보행이 불편하긴 해도 핏기 없는 부스스한 얼굴에 마스크 쓰고 모자 푹 눌러쓰면 감쪽같다. 통증이 극심한 날은 일어나 앉기도 힘이 든다. 이런 모습을 보며 "요양원에 가야겠네."라는 우스갯말을 던지고는 친구 만나러 갔다가 저녁때쯤 돌아오는 남편이 야속하다.

세상은 경험만큼 보인다

　인간은 무엇을 위해 살아가는가? 한 번뿐인 인생을 어떻게 살아야 하는가? 조금 더 나은 삶을 살기 위해 희생을 보람으로 알고 살아왔다. 그러나 지금은 생각이 바뀌었다. 내가 건강하고 행복해야 함을 절실히 느낀다. 인생을 살아가는 데는 즐거운 일보다 괴로운 일이 더 많기 때문이다. 때로는 왜 내가 이 고통을 겪어야 하느냐며 신을 원망하고 싶을 때도 있다. 하지만 세상이 나를 힘겹게 할수록, 역경은 마음과 영혼을 갈고 닦기 위한 선물이라고 하면서도 수긍하기 힘들 때가 더 많다.

　미래를 예측할 수 없는 불안한 시대를 살아가는 지금이 그런 시기인 것 같다. 물질은 넉넉해졌지만 마음에 채워지지 않고, 먹고사는 데는 부족하지 않으나 예절과 질서가 없다, 문화가 급속하게 바뀌다 보니 세대 간, 계층 간, 이웃, 가족 간의 갈등과 오해로 스트레스는 쌓여간다. 용서와 화해의 돌파구 찾기가 점점 더 어려워진다. 이런 일상에서의 삶이 스트레스에 노출된 채 살아가고 있다. 관계 속에서 일어나는 갈등으로 인한 용서와 화해는 생각보다 쉽지 않다. 마음의 열쇠를 풀기에는 망설임도 있고 용기도 필요하다. 제각각 자신의 입장과 처지만 생각하고 살아가기 때문에 갈등은 커져만 간다. 희노애락이 함께하는 사람들 삶 속에 나도 있다. 일곱 무지개색이 무리지어 어우러질 때 아름답듯이 사람도 좋은 빛깔의 사람을 좋아한다. 나 또한 독특한 나만의 공간보다는 함께 어우러져 살아가는 일상을 추구한다.

 이 나이 되도록 연령에 맞지 않게 약간 모자라는 철부지로 살아간다. 이익 앞에서 저울질할 줄 모르고 계산에 어두워 좋은 걸 누가 탓하랴! 신기루 같은 무지갯빛 자연 현상에 환호하고 자연과 속삭이는 나를 보면 행복하다.

 주변 지인들의 인생살이가 꽃길이길 원하는 걸 고운 여자가 오지랖 넓은 마음으로 살아간다. 인생 꽃길을 꾸미기 위해 궂은 일 마다 않고 속내 감싸며 살아간다. 뿌린 대로 이루어지기보다 굽이굽이 굴곡진 길, 모난 돌이 더 많아 상처도 생긴다. 돌부리에 부딪히고 긁혀 상처 나고 아파도 인간으로서 할 일을 하며 살아간다. 모두가 내 마음 같을 줄 알지만 천차만별 각양각색이다. 복잡, 다양한 세상 속에서 여러 형태의 사람들을 만나 사회를 구성하고 살아가기 때문이다. 걸려 넘어진 후 걸림돌을 힘겹게 걷어 내는 순간순간이 인내이고 기적이고 승리이다. 인생길 평탄하게 걸으며 오감을 느끼고 달콤한 휴식도 즐기고 싶다.
 눈 뜨면 펼쳐지는 일상 속에 자신만이 그려 낼 수 있는 멋진 그림을 그리며 흔적을 남기고 싶다. 내 색깔은 어떤 색일까? 궁금해진다. 알 수 없는 내일을 마음껏 펼치고 싶은 욕망이 꿈틀거린다. 변화를 시도한다. 체력의 한계에도 최선을 다하는 이 순간에도 희망을 바라는 내가 세상의 중심에 있다. 환희와 기쁨을 품은 행복함으로 때론 지치고 피곤한 순간도 있다. 사람들을 만나면 좋은 인연이 되기도 하고 만나지 않았으면 좋았을 악연도 있다. 좋은 인연은 일방적일 수 없기에 어려운 것이 인간관계인 것 같다.

행복도 슬픔도 아픔도 한생인 걸~ 본인 의지만 있으면 행복을 두 손에 꼭 잡고 있을 것 같았다. 인생을 즐기기보다 먼 훗날을 위해 먹고 싶고 즐기고 싶은 것 참고 인내하며 살아간다. 필자 또한 세월의 바퀴가 헤아릴 수 없이 돌아갔으나 기대하던 꿈은 보이지 않고 맘에 들지 않는 그림자가 더 자주 고개를 내민다.

그중 첫손가락에 꼽히는 건강 문제가 내 인생 전체를 흔들고 있다. 내 몸에 통째로 붙어 셋방살이하는 객이다. 주인을 흔들며 요동을 치고 분란을 일으킨다. 주인이 꼼짝 못 하는 부동산 대혼란 시대와 비슷하다. 전셋값이 내리는 바람에 몇 억씩 내주어야 하는 주인들이 노심초사한다. 목돈 마련할 길이 막히다 보니 당장 강구할 대책도 없다. 전전긍긍하며 오히려 내린 만큼의 월세를 세입자에게 입금해야 한다니 참 희한한 세상이 되었다. 임대차 3법 실시 이후 세입자가 갑이 되듯이 내 육신에도 백신 후유증이 주인 행세를 하며 오랫동안 자리를 비우지 않는다. 어느 땐 객이 무섭기도 하다. 이젠 미련 없이 떠나갈 때도 되었건만 2년의 세월은 두려움과 고통의 시간이었다. 빨리 정상 회복되어 평범한 일상에서 활발하게 날갯짓하고 싶다.

내 몸의 불청객을 내보낼 사람은 의사나 한의사, 남편과 자식도 아니다. 누구를 의지하고 믿을 곳이 없다. 뼛속까지 시린 맛을 본 사람만이 안다. 내 건강은 내가 지키고 내 행복도 내 손에 달려 있음을 알았다. 남은 인생 편안하게 보내고 싶은데 심신이 생각대로 따르지 않는다. 백신 후유증으로 돌아가신 분도 많고 나처럼 중증 환자가 된 사람도 많다. 치료에 집중하며 숨 쉬고 살아 있음에 감사하는 이들도 많다. 나도 이 땅에 발을 딛고 있는 순간이 기적이려니 생각하며 몸이 불편함에도 그럭저럭 적응하며 살아갈 뿐이다.

   억지로라도 그렇게 생각하니 웃음도 나오고 마음의 여유도 생긴다. 극도의 피로감과 지속되는 병마와의 싸움은 처절하다. 이제는 말하고 걷고 앉고 수저를 들어 밥을 먹을 수 있는 일상생활을 할 수 있으니 다행이라 여긴다. 극심한 척추 통증으로 일어설 수도 걸을 수도 없었다. 중증 장애의 두려움을 느낄 겨를도 없이 눕고 앉기도 힘든 상태가 되었다. 갑자기 수저도 못 드는 중증 장애 신세가 되니 기가 막힐 일이었다. 응급상황 발생으로 3차 병원을 드나들어도 머리 찍어 보고 검사 소견 이상 없으면 파김치가 되어 집으로 돌아와 드러눕는 것이 전부였다. 1차 병원과 한의원을 출근하듯 다녔다. 병명 없는 증상만으로 희망을 찾아다니는 환자이니 의사 선생님 처방이 최선의 치료법이었다. 의사들도 백신 부작용에 대한 연구 자료나 데이터가 없으니 답답한 건 마찬가지이다. 환자 당사자는 얼마나 힘들었을지는 당해 본 사람만이 그 아픔을 안다. 백신 환자는 뚜렷한 치료 방법이 없다. 다만 증상 완화를 위해 이곳저곳 찾아다닐 뿐이다. 그래도 믿고 다닐 곳은 병원뿐이기 때문이다. 믿고 다니지만 육신은 점점 더 나락으로 떨어졌고 응급 상황이 자주 발생한다. 지푸라기 같은 생명의 끈을 잡고 헤맬 땐 무서웠다. 더 참기 힘든 것은 전신마비 통증이었다. 치료를 받기 위해 침대 위에 올라가 누워야 척추 치료를 할 수 있는데 혼자서는 움직일 수가 없다. 담당 의사 선생님과 치료실 선생님 두 분이 손을 잡고 등을 살살 받쳐 주어야 간신히 눕거나 일어날 수 있었다. 평범한 일상의 모든 것들이 정지된 상태가 된 것이다.

척추가 건물 무너져 내리는 듯하다. 아프다는 소리도 낼 수 없어 "아~"라는 외마디 신음이 지속된다. 걷지 못하는 것도 서러운데 수저를 들지 못하는 장애 모습에 서러움이 파도처럼 밀려온다. 몸이 만신창이가 되어도 정신은 아직 멀쩡하다. 몸무게가 5kg 빠졌다. 하체 근육이 빠지고 핏기 없는 얼굴이 통통 붓고 생기도 없다. 나아지는 느낌 없이 점점 더 야위어 간다. 다리를 올려 보니 통통하던 허벅지 무릎 뼈가 앙상하게 드러난다. 뜨거운 눈물이 앞을 가린다. 남편이 잠시 마트에 간 사이 파도처럼 밀려오는 설움을 토해 내며 소리 내어 울어 봤다. 자신의 육신을 본인 의지대로 움직일 수 없는 것은 불행 중 최고의 불행이다. 힘이 없어 우는 것조차도 마음대로 안 된다. 불확실한 미래를 불 보듯 보고 있다. 한바탕 울고 나니 가슴속 응어리가 녹아난 듯 속이 좀 후련하다.

살아 있으니 다행인걸!

　남편이 먹거리를 잔뜩 사 들고 와서 입맛 돋우는 식사 준비를 한다. 미안함과 정성 때문에 식탁에 나와 앉았다. 척추 통증과 구토, 어지럼증 때문에 앉아 있기도 힘들어 식은땀이 난다. 무릎 아래 두 다리가 얼음 냉골처럼 차다. 중국 고서《황제내경》에 이런 환자는 손을 떼라는 글을 본 적이 있어 가끔은 희망의 싹이 사라지기도 한다. 이런 증상은 나만이 느끼는 고통이다. 수저 들기가 무겁고 버겁다. 괜찮은 척 수저를 들었으나 눈치 빠른 남편이 밥과 반찬을 올려 준다. 숟가락이 떨리는가 싶더니 밥알이 식탁 아래로 싸락눈처럼 흩어졌다. 순간 남편의 얼굴이 일그러지고 깊은 한숨이 식탁을 휘감는다. 몸도 몸이지만 이럴 땐 마음도 힘들다. 긴 병에 효자 없다더니 그런가 보다. 집 안에 찬 기운이 돈다. 어지러워서 먹지도 못할 음식을 뒤로하고 추위를 피해 엉거주춤 방에 들어가 쓰러졌다. 비몽사몽 잠속으로 빠져들고 신음소리조차 낼 수 없는 절망의 순간들은 끝이 보이지 않는다. 장차 어떻게 될지 불 보듯 뻔한 미래가 예측된다.

　불안감보다는 희망을 잃지 않는 내가 자랑스러운데 남편과 가족들은 희망보다 절망을 보는 것 같다. 며느리가 어떤 이야기 끝에 아버님보다 어머니가 먼저 돌아가실 것 같단다. 그날은 내가 많이 건강해 보이는 날인데도 가족들은 내 건강상태를 심각함으로 인지하는 것 같다.

오직 한 줄 정신 줄을 놓지 않기 위해 Zoom 강의를 신청했지만 말도 들리지 않고 눈도 잘 안 보이는 상황에서의 의지는 과욕일 뿐이었다. 전신이 쓰러지려는 상황인데도 오픈톡방에서 열리는 강좌를 신청 후 컨디션에 따라 누워서 듣다 말다 잠들기를 반복하며 1년 8개월을 제자리걸음을 했다. 어느덧 죽음의 먹구름이 조금씩 걷히고 검푸르던 얼굴색도 조금씩 변했다. 5kg 빠졌던 체중이 다시 늘어나면서 외적으로는 얼굴도 병색이 걷히고 좋아지고 있다.

차츰 병색이 사라진 후 주변 지인들이 말씀드리기 뭣하지만 사실은 돌아가실 줄 알았다며, 다행이라는 듯 기쁜 마음을 나눈다. 지인들의 염려 덕분인지 나는 지금 다시 새 생명의 길을 걸으며 희망찬 세상을 향해 날갯짓을 하고 있다.

남편도 죽음을 예감한 눈치이다. 최소한의 책임을 면피하기 위함인지 1천만 원이라는 큰돈을 불쑥 내밀며 자기는 어떻게 해야 할지 모르니 알아서 해 보란다. 받기는 받았지만 걷지도 못하는 몰골을 한 내가 무엇을 할 수 있단 말인가? 일단 마음대로 쓸 수 있는 목돈을 받으니 기분은 좋다.

이런 처지에서도 죽는다는 생각은 들지 않았다. 그 이후 2~3일이 지난 날 내 느낌에도 세상 마지막일 것 같은 날이 왔다. 죽음을 받아들인 후 주님께 드리는 기도는 간절했다. 식은땀을 동반한 구토 어지럼증과 척추 통증은 너무 고통스럽다. 온몸이 물에 담근 듯 젖어 있다. 살려 달라는 기도보다 맑고 고울 때 고통 없이 데려가 달라는 기도를 하게 된다. 수도원 구역장님이 기적수 두 병을 들고 와 걱정스런 얼굴을 하고 서 있다. 코로나 때문에 성수를 구하기도 어려운 때에 해외에서 가져온 기적수 두 병을 급히 가지고 온 것이다. 귀한 선물을 받아 들고 입으로 가져갔다. 물조차 넘어가지 않는 상황이라 눈물이 앞을 가린다. 다시 조카에게 응급상황을 알렸다. 벌써 3차 병원 응급실을 몇 번 다녀온 뒤라 큰 병원에 가 봐야 검사 후 머리에 이상 없으면 밤새 응급실에서 고생하다가 파김치가 되어 집으로 돌아올 뿐이었다.

사람이 살아 있다는 것은 종이 한 장 뒤집고 엎었다 하는 순간의 찰나이다. 숨을 쉬고 안 쉬는 차이인 것 같다. 이제 서서히 죽음의 그림자도 물러가고 나니 세상이 보인다. 인생길 별것 있을까? 평범한 일상, 상쾌한 하루를 보내는 것이 최고의 행복임을 알았다. 코로나19와 백신 후유증으로 생사를 달리한 이들이 많다. 나는 18개월 동안 백신 후유증으로 병원 한의원과 응급실을 들락거렸다. 살기 위해 맞은 백신 주사가 내 삶 전체를 무너뜨렸다. 질병에 노출된 채 마지막 잎새 같은 가느다란 생명줄을 잡고, 한 발, 두 발 내딛는 발걸음에 희망의 빛이 쏟아지길 바랄 뿐 인간으로서 한계를 느낀다. 나뭇가지에 대롱대롱 매달려 있는 나뭇잎이 지금의 내 처지보다 더 나아 보였다.

"주님은 삶의 용기를 북돋아 주시고 눈을 밝게 해 주시며 건강과 생명과 축복을 내려 주신다" (집회서 34:17)

행복도 불행도 내 발자국

몸이 더 심하게 아픈 날이다. 내 설움에 소리 내어 흐느껴 울어 본다. 혼자 있는 특권을 누리는 것이다. 속이 좀 후련해지는 듯하다. 극심한 근육 통증과 어지럼증은 아픔이 시각으로 보이는 것이 아니라서 남편도 심각성을 못 느끼고 그냥 좀 아프다가 좋아지리라 생각하는 것 같다. 각자 일로 바쁜 자식들도 아는지 모르는지 백신 맞고 그런가 보다 생각하는지 별로 대수롭지 않게 여기는 것 같다. 해 주는 밥 먹으며 빨리 회복하려고 노력을 하는데도 좋아질 기미가 안 보인다. 넘어가지 않는 밥을 꾸역꾸역 넘기는 것이 힘겹다. 정성이 고마워 먹어 보려 하지만 트림과 구토 증세가 심하다. 밥과 국 반찬을 믹서기에 갈아서 미음처럼 마셨다. 소화에 도움도 되고 위장 거부반응이 덜하다. 남편이 사 온 죽에 물을 더 넣은 후 믹서에 갈아 미음처럼 마셨다.

팔다리 마비도 잦고 걸음이 자꾸 넘어질 듯이 옆으로 간다. 이제 밥은 먹는데 기력은 여전히 뚝 떨어져 있다. 이러다 큰일 나겠다 싶어 누워 있는 시간을 줄이고 석촌호수 벤치에 앉아 있는 시간을 조금씩 늘려 나갔다. 백화점 한 바퀴 돌고 마트에서 두부나 콩나물 사 오는 것이 유일한 일이다. 그것도 무겁다. 주부 역할에서 점점 멀어져 가고 있음을 느낀다.

누워 지내는 날이 부쩍 늘어 간다. 조금이라도 앉아 있기 위해 무엇이라도 하려는 용기와 의지를 갖는다. Zoom으로 에니어그램과 글쓰기 메타버스 크리에이터 미라클모닝 과정을 등록했지만 체력이 떨어지니 의지일 뿐이다. 등이 아프고 식은땀이 난다. 말 안 들리고 앉아 있기도 힘든 상태라서 욕심이고 무리인 것을 깨우치게 되었다. 무료 특강도 듣지 않았다. 톡을 보지 않고 지내기로 했다. 지금 내겐 건강한 몸이 필요할 뿐이다. 분별없는 열정 또한 욕심이다. 이런 상태에서도 무언가를 잡으려 하는 행동은 나를 포기하지 않도록 지탱해 주는 반석이기도 하지만 신경 쓰고 앉아 있는 것 자체가 무리이다.

오래전부터 에세이집 한 권을 쓰고 싶다는 생각을 하며 작은 소망을 꿈꾸고 있었으나, 늘 우선순위에서 밀려나 있었다. 이젠 건강이 따라주지 않으니 행동 실천이 안 된다. 의욕일 뿐일까? 아니다 반드시 내 인생을 바꾸고 나를 일으켜 세울 기회라 생각한다.

마음은 활기차게 걷고 자유롭게 다니고 싶다. 현재 상태로는 희망사항이지만 백신 후유증을 이기고 온갖 수난을 극복하고 싶은 것이다.

고통을 축복의 기회로 생각하며 살아가기엔 백신 부작용이 심각하다. 긍정마인드를 갖는 것은 말이 쉽지 이런 상황에서 고상한 언어는 고문일 뿐이다. 나 같은 부작용 환자가 너무 많은데 대책이 없다. 백신 부작용 환자들은 어떡하라고….

어제 오늘은 너무 아프다. 죽도 못 먹고 꼼짝 않고 누워 있는데 3차 접종하라는 메시지가 계속 온다. 고통스럽다. 억울하다. 분노한다. 왜 더 안 좋아지는지 답답하고 눈물이 난다.

　투병 기간이 길어지니 나처럼 신고나 등록되지도 못한 채 고통 받는 환자가 많다는 것을 치료 다니면서 알게 되었다. 오늘도 장애자가 아닌 장애 상태에서 골반, 척추를 움직이기조차 어렵다. 어지럼증, 구토, 근육 통증으로 앉아 있기도 힘들고 누워 있어도 아프니 일어났다 누웠다를 반복하는 안방쟁이가 되었다. 남편에게 크게 아프다는 말은 안 했지만 움직임이 느려지니 좀 심해졌는가 보다 느끼는 것 같다. 그저께 아침에 일어나니 온몸에 식은 진땀이 고여 있다. 하의 잠옷은 물에 담근 듯 땀에 절어 묵직하다. 잠을 자는 동안 몸이 얼마나 힘들었는지를 알려 주는 듯하다.

　밥 차려 주는 것도 못 먹으니 스프를 끓여 준다. 그것도 속이 안 받아들인다. 누룽지를 먹으면 나을까 했더니 금방 마트로 달려가 사 와서 끓여 주는데 그것조차도 안 넘어간다. 믹서기에 물을 많이 부어 멀건 미음처럼 마셨다. 마시기도 힘이 든다. 정성이 고마워 어제저녁은 억지로 먹는 척은 했지만 온몸에 식은땀이 난다. 먹는 게 힘들어서 슬그머니 무거운 숟가락을 내려놓았다. 고통을 당하는 사람들이 많지만 집이든 어디서든 백신 후유증 환자는 환자 취급도 못 받는다. 질병본부든 언론방송이든 코로나19에 감염된 사람만이 환자 취급을 받을 뿐이다.

　3차 병원 예약하려니 증상을 묻더니 뇌경색이나 급성심근경색일 확률이 높으니 무조건 가까운 응급실로 가라며 예약 접수도 안 받는다. 한의원 물리치료, 지압, 경락, 사우나 등 통증 완화를 위해 좋아질 것

같은 액션은 다 취해 본다. 3일 전 병원 주사 맞고 물리치료를 받았는데도 이번에는 엉덩이 골반 쪽이 시리고 저리고 아린 증상으로 심하게 아프니 꼼짝을 못 하겠다. 뚜렷한 약도 치료법도 없이 죽지 않고 이만한 것이 다행이라 생각해야 할까? 멀쩡하던 사람이 중환자 신세가 되어 있으니 어디에 하소연한단 말인가?

백신 맞기 전까지는 백령도, 제주도, 부산 투어를 즐기며 뛰어 다녔는데…. 이젠 여기서 저만큼 걷는 것도, 신호등 건너는 것도 지난날의 추억일 뿐이다. 숨이 차고 보행이 불편하지! 오늘 또 갑자기 소화불량, 어지럼증, 식은땀, 척추 골반통증이 심하다. 빨리 건강을 회복하여 그동안 앞만 보고 사느라 못 다녔던 곳 여행 다니며 행복하게 살고 싶다. 건강해질 거라는 기대를 하며 희망의 돛을 올린다. 순간순간을 살아내는 인간 승리를 위해 세상의 중심에서 새 세상을 바라본다. 콧잔등이 시려 온다.

하늘에서 둘째 딸을 위해 "하느님 부처님 자식들 나쁜 것 내가 다 갖고 가게 해 달라."라는 기도를 하시던 엄마의 간절한 마음속 메아리가 들리는 듯하다.

마음속 지진을 잠재울 수 있는 방법은 신이 인간에게 미래를 밝혀 주실 그날까지 인간의 모든 지혜는 오직 다음 두 마디 속에 있다는 것을 잊지 마십시오. 기다려라! 그리고 희망을 가져라!

- 알렉상드르 뒤마

세상의 작은 별들을 위한 평화와 화해

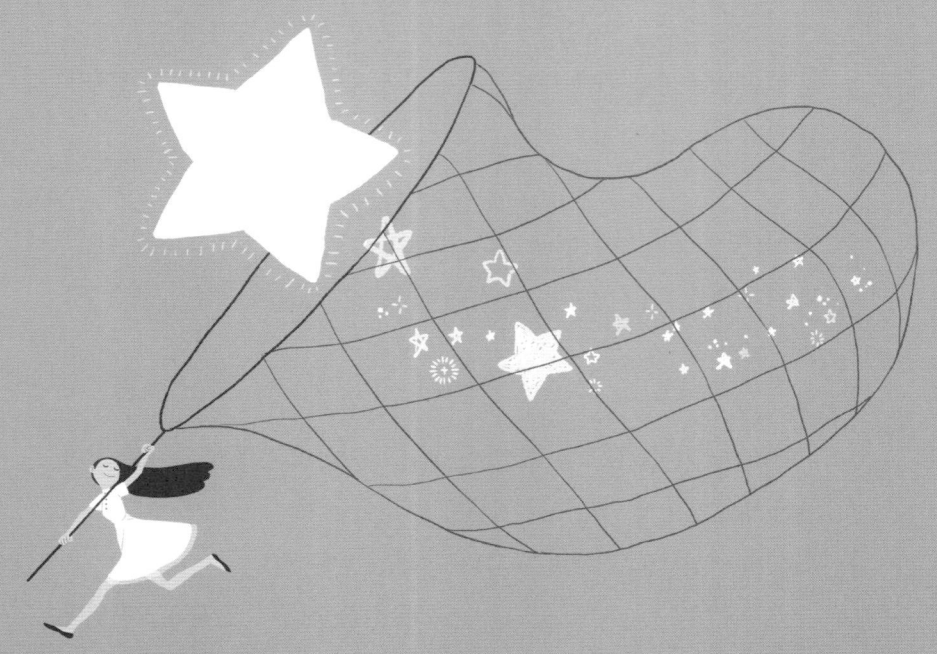

서민경

이메일: amoje720@gmail.com

경력
· ONHAPPY NGO SDG위원장/국제교육개발NGO ONHAPPY 세계시민교육 총괄대표/fKF 한국퍼실리테이터연합회 1급 인증강사/ICIDCC 국제개발협력 인증강사/질문하는 학부모 대표

활동 분야
· 세계시민교육/국제개발협력/시민감수성 교육/기후/환경/자원순환/SDGs/ESD 교육/토론 잔행 및 기획/아젠다 발굴 디자인/디자인싱킹/청소년기업가정신/메타버스 교육 및 기획/디지털 리터러시/자원봉사교육/애니어그램/컬러애듀스트
· 청소년 토론/청소년 진로/분노조절/인성교육

출간
· 《내면의 평화를 위한 화해와 용서》

> *"지구상 모든 것들은 서로 연결되어 있으며,
> 우리는 그것 중 하나일 뿐이다."*
> – 존 뮤어

　세계평화와 화해는 인류가 항상 추구해 온 가치이다. 우리는 끊임없이 평화로운 세상을 꿈꾸며, 전쟁과 갈등을 없애고 모든 사람이 서로를 이해하고 존중하는 세상을 만들어 가고자 한다. 그러나 세계는 여전히 전쟁과 갈등으로 시달리고 있으며 많은 지역에서는 내전이 일어나고, 이민과 난민 문제가 계속되고 있다. 이러한 상황에서 우리는 어떻게 세계평화와 화해를 이룰 수 있을까?

　우선, 우리는 각자의 가치관과 문화를 이해하고 존중해야 한다. 세계는 다양한 문화와 인종으로 이루어져 있으며, 이러한 차이는 갈등의 원인이 될 수 있다. 하지만 우리는 서로를 이해하고 존중하면서 공존할 수 있다. 이를 위해서는 다양한 문화에 대한 교육과 이해가 필요하다.

　또한, 세계평화를 이루기 위해서는 전쟁과 갈등을 예방하고 조기에 해결해야 한다. 이를 위해서는 정치적인 노력과 국제사회의 협력이 필요하다. 갈등 지역에서는 사전에 대화와 협상을 통해 문제를 해결하는 방법을 모색해야 한다. 또한, 개인적인 노력도 필요하다. 갈등을 일으키는 원인 중 하나는 인간의 자아실현과 이기주의이기 때문이다. 이러한 자아실현과 이기주의를 버리고, 서로를 돕고 협력하면서 공존하는 태도가 필요하다.

　세계평화와 화해는 우리가 모두 함께 만들어 가야 할 가치이다. 이를 위해서 우리가 일상적인 생활에서도 서로를 이해하고 존중하며, 갈등을 일으키는 행동을 자제해야 한다. 그리고 우리는 세계적인 관점에서 생각하며, 서로를 돕고 협력하는 태도를 보여야 한다. 이러한 노력이 서로 연결되어 세계평화와 화해를 이룰 가능성을 열어 줄 것이다.

　지구상에 존재하는 모든 것들은 상호 연결되어 있다. 이는 인간과 자연, 인간과 인간, 국가와 국가, 지역과 지역 등 모든 것들이 상호 작용하며 영향을 주고받는 것을 말한다. 우리가 생활하는 환경, 소비하는 제품, 인터넷과 통신 기술 등 모든 것들은 세계 각지에서 생산되어서 우리에게 제공된다. 이러한 제품과 기술은 다양한 문화와 지역에서 발전하고, 서로 다른 국가와 지역의 경제에 영향을 미친다. 따라서 우리의 선택과 행동이 전 세계에 영향을 미치며, 서로에게 영향을 받는다. 이러한 상호연결성은 세계적 문제를 해결하기 위한 연대를 만들어 낸다. 예를 들어 기후변화 문제는 모든 국가가 함께 해결해야 하는 문제이며, 모든 사람이 노력해야 한다. 또한 세계적으로 발생하는 전염병은 국경을 넘어서 확산하기 때문에 세계적인 협력이 필요하다.

　상호연결성과 연대는 또한 문화적, 인종적, 종교적 차이를 극복하고 서로 이해하고 존중하는 데도 중요한 역할을 한다. 서로 다른 문화와 경험을 공유하고 이해함으로써, 서로 다른 국가와 지역 간의 갈등과 분쟁을 예방하고 해소할 수 있다. 따라서 세계의 상호연결성과 연대는 우리가 함께 살아가는 지구상에서 가장 중요한 가치 중 하나이며, 세계평화와 번영을 위해서는 이를 지속해서 강화하고 발전시켜 나가야 한다.

세계에는 다양한 이슈들이 있다. 그중에서도 특히 인권침해와 난민 문제, 기후변화와 평화와 안보 등은 우리가 관심을 가지고 봐야 할 중요한 이슈들이다.

"모든 인간은 자유로울 권리와 동등한 권리를 가진다."
- 유엔 선언

지구상에 존재하는 인간 모두는 자유와 권리를 보장받아야 한다. 그러나 이런 당연한 권리에서 배제되는 수많은 사람이 있다. 권리를 보장받지 못하는 이유는 다양하지만, 그중에서도 가장 큰 이유는 인간의 차별과 억압이다.

문제는 인간이 서로 다른 인종, 성별, 종교, 출신 국가, 경제적 지위, 신념 등으로 분류하려는 경향이 있다는 것이다. 이러한 분류는 인간들을 서로 다른 집단으로 나누어 놓음으로써 특정 집단의 권리와 특권을 강화하는 데 도움이 되기 때문이다.

예를 들어, 특정 인종이나 종교에 속하는 사람들은 다른 집단보다 더 많은 권리와 혜택을 누리는 경우가 있다. 이러한 차별은 인간의 자유와 동등한 권리를 보장하는 선언과 법률에도 불구하고 여전히 존재한다.

또한, 동등한 권리가 보장받지 못하는 이유는 정치적, 경제적, 사회적인 시스템의 불공정함에 있다. 일부 국가에서는 부패, 타락한 지도자, 불공정한 법률 등이 인권침해의 원인이며, 개발도상국에서는 빈곤, 교육 부족, 식량 부족 등 경제적인 문제가 인권침해의 주요 원인이 되기도 한다.

인간의 자유와 동등한 권리가 보장받지 못하는 이유는 인간의 본성에도 있을 수 있다. 인간의 이기심과 자기중심적인 태도는 다른 사람의 권리와 자유를 침해할 수 있다. 이러한 본성적인 문제를 해결하기 위해서 우리는 세계시민 교육, 인권교육 등의 다양한 노력을 통해 인식을 개선하고 인권에 대한 존중 의식을 높여야만 한다.

세계시민이란 국가나 지역에 국한되지 않고, 인류 전체의 복지와 발전을 고려하는 시각으로 세계적인 문제에 대해 책임감을 느끼고 행동하는 개인이나 단체를 말한다. 세계시민은 지리적, 문화적, 인종적 경계를 뛰어넘어 모든 인간이 공통으로 가지고 있는 인권과 복지에 대한 이해와 인식을 바탕으로 행동한다. 자신이 사는 지역이나 국가의 문제

뿐만 아니라 세계적인 문제에 관해서도 관심을 가지고 대처한다. 환경 문제, 인권 문제, 세계적인 복지 문제 등 다양한 문제들에 대한 인식과 이에 대한 대처방안을 모색하고, 지속적인 노력을 통해 해결하려 한다.

세계 곳곳에서는 인권침해로 많은 사람이 고통받고 있다.

*"인권은 모든 인간에게 균등하게 부여되며,
그것은 인간의 생명, 자유, 안전을 보호하는
가장 중요한 원칙 중 하나이다."*
- 조지 H. W. 부시(George H. W. Bush)

아동 노동 착취

가난한 가정에서는 아이들이 가족의 일부로서 경제적인 기여를 위해 일하도록 강요되고 있다. 일부 국가에서는 아동들이 학교를 쉬고 일하거나, 불법적인 작업에 내몰리고 있다. 또한 아동들이 노동 현장에서 성적 착취당하는 경우가 있으며 이는 아동들의 심리적, 정서적, 신체적 건강에 큰 영향을 미치고, 아이들의 교육과 발달을 방해하며 건강과 안전에 위협을 가하고 있다.

소년병

일부 국가에서는 아동들이 병역에 참여하도록 강요받고 있다. 미성년자인 아이들이 병사로 강제로 징집되는 것을 말한다. 이는 아이들의 인권을 침해하는 심각한 문제이다.

2012년, 수단 북동부 지역인 블루 나일주에서는 수많은 소년이 파견군으로 참여하였고 이들은 군사적 훈련받고 전투에서 싸웠으며, 일부는 사망하거나 신체적 상해를 입었다.

시리아 내전에서는 다수의 아동이 군사적으로 참여하고 있으며, 이들 중 상당수가 소년이다. 소년들은 군사적 훈련받고 전투에 참여하며, 자살 폭탄 공격에도 가담한다. 이들은 종종 위장해서 병원이나 학교 등에서 폭탄을 투하하는 등의 행동을 하기도 한다.

아프가니스탄 내전에서도 소년병 문제가 심각하게 발생하고 있다. 탈레반이 아이들을 선동해서 군사 훈련을 받게 하고 전투에 참여하게 하고 있기 때문이다. 이들은 종종 폭력에 노출되어 신체적 학대와 정신적 학대의 피해를 받고 있다.

아동과 소년병 문제는 국제사회에서 주목받고 있으며, 관련 국제기구들은 이를 해결하기 위해 다양한 대책과 프로그램을 시행하고 있지만 아직도 지구촌 곳곳에는 아동들이 전쟁의 총알받이로 내몰리고 있는 것이 현실이다.

소년병 문제는 전쟁이나 민족 갈등이 심화하는 지역에서 더 많은 문제가 발생하고 있고. 아이들의 인권침해뿐만 아니라, 군사 훈련과 전투에서 발생할 수 있는 신체적, 정신적 피해에 대한 위험성도 존재한다. 또한, 소년들이 군사 훈련과 전투에 참여하게 되면, 그들의 인간성과 정체성 발달에도 부정적인 영향을 미치게 된다.

이러한 문제를 해결하기 위해, 국제적인 기구들과 각 국가는 소년병 문제에 대한 인식과 대처에 큰 노력을 기울이고 있다. 예를 들어, 2000년에는 유엔에서 소년병 문제를 해결하기 위한 국제적인 법안인 "아동 전쟁 및 군사적 강제노역 방지 선택의 선택적 프로토콜"이 채택되었다. 이 프로토콜은 18세 미만의 아이들이 병사로 강제로 징집되는 것을 금지하고, 이를 위반하는 국가들에 대한 제재를 부과한다.

이러한 아동 노동 착취는 국제적인 문제로 인식되어, 유엔을 비롯한 많은 국제기구가 아동 인권 보호를 위해 노력하고 있고 각 국가에서도 법에 따른 제재와 교육적, 경제적 지원 등을 통해 이 문제를 해결하기 위해 노력하고 있지만 아직도 방치되고 있는 아동들의 노동착취와 인권 문제에 우리는 좀 더 민감하게 반응하고 국제적인 관심과 해결을 위한 노력이 필요하다.

아동 결혼

일부 국가에서는 여전히 어린 나이에 결혼하는 것이 허용되고 있다. 조혼으로 인한 다양한 문제들이 아동들에게 나타날 수 있는데 건강 문제와 교육 기회의 상실, 가정 폭력의 노출, 사회적 차별 등을 경험하게 된다. 사회적 참여를 제한당하기도 한다.

방글라데시는 세계에서 아동 조혼이 가장 많이 일어나는 국가 중 하나이다. 많은 가난한 가정에서 아이들을 조혼시켜 경제적인 이득을 얻으려는 현상이 있다. 조혼으로 인한 신체적, 정신적, 사회적 부작용 등에 아동들이 노출되어 있다.

이란은 여자가 9살, 남자가 15살 이상이 되기 전에 결혼할 수 있다. 결혼 시점이 빠른 만큼, 아동 조혼 문제가 심각하다. 결혼한 아이들의 교육 기회, 경제적 안정, 신체적 안전 등이 위협받고 있다.

예멘은 혼인 나이가 정해져 있지 않기 때문에 많은 아이가 어린 나이에 결혼한다. 결혼으로 인한 신체적, 정신적, 사회적 부작용이 발생하며, 특히 여성의 권리가 침해되고 있다.

말라위는 결혼할 수 있는 나이가 남자는 18세, 여자는 15세이다. 그러나 이러한 법률적 규제가 있음에도 불구하고 아동 조혼이 발생하고 있다.

네팔은 아동 결혼 금지법을 제정했지만, 전통적인 문화와 경제적인 이유로 아동 조혼이 여전히 일어나고 있다.

아동 조혼 문제는 여전히 많은 국가에서 심각한 문제로 남아 있으며, 위와 같은 부작용을 해결하기 위해서는 국제사회의 적극적인 노력이 필요하다.

아동 성폭력과 인신매매

세계 곳곳에서 아동들의 성폭력 피해가 발생하고 있다. 또한 아동의 인신매매도 여전히 문제이다. 인신매매의 경우 아동들이 성적 착취, 노동력, 신체적 착취 등의 목적으로 거래되는 경우가 많아 더 심각한 문제이다.

남아프리카공화국은 아동 인신매매가 광범위하게 일어나는 국가 중 하나이다. 빈곤과 사회적인 약자들이 많은 상황에서, 아동들은 종종 가정 내에서 성적 수요를 강요당하거나, 거리 상인들에게 판매되어 성매매에 내몰리기도 한다.

태국은 아동 인신매매가 흔한 나라 중 하나로, 많은 외국인 관광객들이 성매매를 찾는 목적으로 방문한다. 아동들은 종종 가난과 교육 부족으로 인해 성적으로 판매되며, 일부는 불법 성매매 업체에서 일하게 된다.

인도는 세계에서 가장 많은 아동 인신매매가 일어나는 국가 중 하나이다. 아동들은 종종 교육 부족과 빈곤으로 인해 가정 내에서 성매매하거나, 성매매 업체에서 일하게 된다.

이러한 아동 인신매매 사례들은 많은 나라에서 일어나고 있으며, 아동학대와 인권침해로 간주한다. 세계적으로 이러한 문제를 해결하기 위해 많은 단체와 기관들이 노력을 기울이고 있지만 더 많은 관심과 해결 노력이 필요하다.

> *"어린이들이 행복하게 자라날 수 있도록 보호하고
> 지원하는 것이 인류의 의무입니다."*
> *- 유엔아동권리협약*

> *"여성들은 인권을 가지며, 그 인권을 행사하는 것이
> 사회적인 발전을 이루는 데 필요합니다."*
> *- 힐라 리베라*

분쟁국에서 여성들은 성폭력과 인신매매 등의 문제에 직면하게 된다. 분쟁 지역에서는 성폭력이 흔하게 발생하며, 군인들에 의한 성폭력은 심각한 문제로 작용할 수 있다. 또한, 인신매매가 이뤄지는 경우도 많은데, 여성들이 강제 노동에 참여하거나, 성적으로 착취될 가능성이 커진다.

여성에 대한 인식 문제에서 이슬람 국가는 남성 우위적인 사고방식이 여전히 유효하다. 여성은 남성보다 낮은 지위에 있으며, 남성 중심의 문화와 전통적인 가치관이 여성 인권을 제한하고 있다. 여성들은

가족의 지배적인 통제를 받으며, 결혼 및 이혼, 자녀 권리, 경제활동 및 교육 등 여러 가지 분야에서 권리를 제한받고 있다.

이슬람 국가에서는 성적 수치심 문화가 여전히 존재하며, 이로 인한 성폭력 문제가 발생하는 경우가 많다. 여성들은 강간, 성폭력, 가정 폭력 등 다양한 형태의 성폭력을 경험할 수 있으며, 이러한 문제에 대한 법적 대응이 미흡한 경우가 많다. 여성들의 의료와 건강에 대한 보호가 부족하다. 특히 여성들의 생식 건강 문제는 이슬람 국가에서 중요한 문제로 대두되고 있으며, 적절한 의료 시설과 정보에 대한 접근이 제한적인 것도 문제이다. 여성들의 교육과 경제활동에 대한 제한 또한 여전히 존재한다. 남성 중심의 문화와 전통적인 가치관으로 인해 여성들은 교육과 직업 선택에서 제한받으며, 경제적으로도 취약한 위치에 있다.

이러한 사례들은 분쟁국에서 발생할 수 있는 아동과 여성들 인권침해의 일부에 불과하다. 인권침해를 방지하고 보호하기 위해서는 국제 사회와 해당 국가의 지역 사회가 적극적으로 대처해야 한다.

여성 인권침해와 화해

여성 인권침해는 불공정한 권력관계에서 비롯될 수 있으며, 이는 교육, 경제, 정치 및 문화적인 요인에 의해 유지될 수 있다. 화해는 이러한 인권침해를 줄이고 여성들의 권리를 보호하기 위한 중요한 과정이다.

화해는 여성들에게 그들이 겪은 고통과 상처를 인정하고, 그들에게 정의와 보상을 제공하여 침해를 구제하려는 과정이다. 화해는 인종, 종교, 성적 지향성, 인종 간의 차별과 같은 다양한 차별과도 관련이 있다. 차별은 여성들이 다른 그룹들과 함께 사는 것을 어렵게 만들며, 이러한 차별을 극복하기 위해서는 인종 간 대화와 다양성을 존중하는 문화를 조성하는 것이 필요하다. 화해 과정에서는 여성들이 자신을 존중하고 자신들의 권리를 보호하도록 돕는 교육과 자기 계발 프로그램을 제공하는 것이 중요하다. 여성들이 자신들의 권리를 지키기 위해 능동적으로 행동할 수 있도록 만들기 때문이다.

대중의 인식도 중요한 역할을 한다. 여성 인식 개선을 위해 대중에게 여성 인권의 중요성을 알리고, 여성들의 권리를 존중하는 문화와 인식을 조성해야 한다. 여성단체들의 활동이 매우 중요하다. 여성 인권 문제를 조명하고, 이를 해결하기 위해 노력해야 한다. 여성들이 자신의 권리를 알고 이를 옹호할 수 있도록 지원하는 것이 중요하다.

국가의 법과 규제가 개선되어야 하며, 이를 위해 국가 정부는 여성 인권을 보호하고 증진하기 위한 정책을 수립하고 실행해야 한다. 또한 국제기구와 비정부 단체들은 여성 인권 문제를 주시하고, 이를 개선하기 위해 협력해야 한다.

> "인권은 모든 인간에게 균등하게 부여되며,
> 그것은 인간의 생명, 자유, 안전을 보호하는
> 가장 중요한 원칙 중 하나이다."
> - 조지 H. W. 부시(George H. W. Bush)

인권침해는 세계적인 문제 중 하나이다. 인권침해는 인간의 존엄성과 자유를 침해하는 행위로, 국가나 개인 권력의 남용으로 발생한다. 개인의 신체적, 정신적, 사회적 자유를 제한하며, 종종 매우 심각한 결과로 이어진다.

미얀마의 군사정권에 의한 인권침해

2021년 현재, 미얀마는 군사정권에 의해 통제되고 있으며, 인권침해가 계속되고 있다. 민주주의 선거 결과에 대한 군사정권의 반란으로 인해, 시민들은 학살, 강간, 고문 및 억류 등 다양한 인권침해를 겪고 있다. 이러한 인권침해는 국제사회에서 큰 우려를 불러일으키고 있다.

북한의 인권침해

북한은 인권침해가 심각한 나라 중 하나이다. 이 나라에서는 정치적인 이유로 수많은 시민이 강제수용소로 보내져 신체적, 정신적 고통을 겪고 있다. 또한 정치적인 자유, 인권 및 노동권을 포함한 다양한 인권침해가 일어나고 있다.

중국의 신장웨이우얼인 대상 인권침해

중국의 신장웨이우얼 자치구에서는 이슬람교 신자들이 대상인 인권침해가 지속해서 발생하고 있다. 수많은 인권단체는 중국 정부가 이슬람교 신자들을 강제로 수용소로 보내고, 신체적, 정신적 고통을 가하고 있다는 것을 지적하고 있다.

인종 문제

인종차별은 많은 사회에서 계속되고 있다. 미국은 인종차별 문제로도 악명이 높은 나라 중 하나이다. 미국에서는 흑인, 아시안, 라틴계 등 다양한 인종들이 인종차별을 겪고 있다.

조지 플로이드 사건

2020년 조지 플로이드 사건은 미국 내 인종차별 문제를 대두시켰다. 조지 플로이드는 경찰에게 체포당하던 중 숨을 쉴 수 없게 만들어 죽은 사건으로, 이는 경찰의 무차별적인 폭력과 인종차별로 해석되고 있다. 이 사건을 계기로 미국 전역에서 '블랙 라이브즈 매터' 운동 등 인종차별 문제를 다루는 운동들이 활발해지고 있다.

이슬람계 무슬림 차별

미국에서는 이슬람계 무슬림들이 인종차별을 받고 있다. 2001년 9/11 테러 이후 이슬람계 무슬림들은 테러리스트로 간주하여 사회적 차별과 경찰 단속받고 있다. 이에 따라, 이슬람계 무슬림들은 국가 안

보와의 상충으로 인한 인종차별 문제를 겪고 있다.

인권 보호와 강화는 인간의 존엄에 대한 문제이다. 인권을 보호받지 못하는 사회적 약자를 위해 국제사회는 적극적으로 행동해야 한다.

인권침해는 갈등과 폭력을 초래하며, 이를 해결하기 위해서는 화해가 필요하다. 화해는 인간관계에서 상대방과의 갈등을 해결하고, 상호 이해와 인간적 관계를 재구성하는 과정이다. 인권침해 문제는 이러한 화해의 과정에서 중요한 역할을 한다.

인권침해가 발생할 경우, 이를 조사하고 공개해야 한다. 이를 위해 독립적인 인권단체와 언론의 역할이 중요하며, 국제사회는 이들을 지원하고 보호해야 한다.

인권과 관련된 문제는 국경을 넘어 다양한 형태로 연결되어 있으므로, 국제사회 간의 협력이 중요하다. 이를 위해 국제기구와 다양한 지역 사회, 민간단체 등이 협력하여 사회적 약자들을 보호하고 인권을 지키는 노력을 해야 한다.

>"평화는 권력과 힘으로 이루어지는 것이 아니라,
>이해와 협력으로 이루어진다."
>– 미셸 오바마

세계평화란 모든 국가와 모든 인류가 상호 간에 평화롭게 살아가는 상태를 말한다. 이것은 전쟁이나 갈등이 없는 것을 의미하지만, 단순히 불평등, 차별, 인권침해, 천재지변 등으로 인한 인간적 고통이 없는 것을 뜻하지는 않는다.

세계평화를 실현하기 위해서는 개인, 국가 및 국제사회 간의 상호작용을 포함한 여러 가지 요인이 필요하다. 이러한 요인에는 상호 존중, 대화, 협력, 상호이해, 공정성, 인권 존중, 개인과 집단의 안전과 보안 등이 포함된다.

세계평화를 달성하기 위해서는 각 개인과 조직, 그리고 국가 및 국제사회가 적극적으로 협력하여 모든 인류가 평화롭게 살아갈 수 있는 환경을 조성해야 한다. 이는 갈등을 예방하고, 비폭력적인 대화와 협상을 장려하며, 인권과 사회적 정의를 존중하는 것을 필요로 한다.

역사상 많은 전쟁과 갈등은 인종, 종교, 경제, 국가 간의 갈등 등으로 인해 발생했다. 이러한 갈등을 해결하고 평화로 이어지게 하는 것은 용서와 화해이다. 적대감과 원한을 놓아주고, 상대방을 이해하며 대화하고 합의점을 찾는 것이 중요하다.

> *"인간의 존엄성, 자유, 평등은 침범할 수 없는 인권이며,*
> *이러한 인권은 모든 사람이 보유하고 있어야 한다."*
> *- 닐스 보어(Nils Bohr)*

세계 난민 문제

세계적으로 난민 문제는 심각한 사회적 문제로 대두되고 있다. 전쟁, 갈등, 기후변화 등으로 인해 많은 인구가 국경을 넘어 이동하고 있다. 이들에 대한 인도주의와 적절한 보호 대책이 필요하다.

시리아

시리아 내전으로 인해 난민 수가 급증하고 있다. 현재 전 세계에서 가장 많은 난민을 내세운 나라이다. 2011년 내전 이후, 약 6,500만 명의 시리아인 중에서 1,300만 명이 난민이 되었으며, 600만 명은 자국 내부에 있는 도피민(DP)으로 분류된다.

베네수엘라

베네수엘라에서는 경제적인 어려움으로 인해 난민 수가 증가하고 있다. 현재 50만 명 이상이 난민이 되어 인근 국가로 이주하였다.

아프가니스탄

아프가니스탄은 국내 내전, 정치적 갈등 및 테러리즘으로 인해 많은 인원이 이주하고 있다. 2021년 탈레반의 정권 재등장 이후, 다시 많은 인원이 이주하고 있다.

르완다

르완다에서는 부족 갈등, 내전, 병역 의무, 가족 파문 등으로 인해 수많은 인원이 이주하고 있다.

이 외에도 수많은 국가에서 난민 문제가 발생하고 있으며, 국제사회에서는 이러한 문제에 대한 대처방안을 모색하고 있다. 난민 문제 해결을 위해서는 국제사회에서 적극적으로 협력하여 대처해야 하며, 인권 보호와 인간적인 대우가 요구된다.

> "자연은 우리에게 충분한 것을 제공하지만,
> 인간의 탐욕은 충분한 것을 절대로 만족시키지 않습니다."
> – 마하트마 간디

기후와 환경문제

기후변화는 세계평화를 방해하는 요인 중 하나이다. 기후변화로 인해 인간과 자연의 균형이 깨어지고, 국가 간의 갈등과 경제적 불균형을 초래하기 때문이다.

기후변화는 인간과 자연의 균형을 깨뜨린다. 지구 온난화로 인해 극지방의 빙하가 녹으면서 해수면 상승, 극 지역의 생태계 파괴 등 다양한 문제가 발생하고 있다. 지구의 자연적인 생태계를 파괴하고, 생태적 파괴로 인한 인간과 다른 생물의 멸종을 초래하고 있다.

기후변화는 국가 간의 갈등과 경제적 불균형을 초래한다. 지구 온난화와 관련된 문제는 특정 국가에서 발생하지만, 그 영향은 세계적으로 전파된다. 다양한 경제적, 사회적, 정치적 이슈가 발생하게 되는데, 이러한 이슈는 국가 간의 갈등을 초래할 수 있다. 또한, 일부 국가에서 발생한 문제에 대한 해결책을 찾는 것이 어렵게 만들며, 이는 경제적 불균형을 초래할 수 있다.

2021년 8월 9일, 국제 정부간기후변화위원회(IPCC)는 기후변화로 인한 지구 온난화의 경고를 담은 보고서를 발표했다. 이 보고서는 전 세계적으로 기후변화에 대한 경각심을 일으키며, 많은 사람에게 큰 충격을 주고 있다.

지구 온난화의 경각심

보고서는 이전 보고서에서 경고했던 것보다 더욱 경각심을 불러일으키는 내용을 담고 있다. 지구 온난화의 영향은 어떤 지역에서도 피할 수 없다는 것을 강조하며, 기후변화의 위험성을 경각시키고 있다.

온실가스 배출 증가

인간 활동으로 인한 온실가스 배출이 계속 증가하고 있다는 사실을 강조하고 있다. 이에 따라 지구 온난화가 더욱 가속화될 것으로 예상된다.

극지방의 급격한 기후변화

북극과 남극 지역에서의 기후변화가 매우 심각하다는 것을 경고한다. 특히 북극 지역의 해빙 면적은 지난 몇십 년 동안 꾸준히 감소하고 있으며, 극지방의 생태계가 크게 변화하고 있다.

극심한 기후 위기 증상

기후변화로 인해 극심한 기후 이벤트가 더욱 자주 발생할 것으로 예상된다. 불볕더위, 가뭄, 홍수 등이 예상되며, 인간의 건강과 생활에 큰 영향을 미칠 것을 보고하고 있다.

대응책의 필요성

보고서는 지구 온난화의 위험성을 강조하면서도, 이를 막기 위한 대응책을 제시하고 있다. 온실가스 배출 감소, 재생에너지 증가, 기후변화 대응 기술 개발 등이 필요하며, 이를 위해서는 국제적인 협력이 필수적임을 밝히고 있다.

기후변화로 인해 식량, 물, 에너지 등의 자원에 대한 수요가 증가하고, 국가 간의 자원 분배에 대한 갈등을 초래할 수 있으며, 이는 세계평화를 방해할 수 있다. 따라서, 기후변화와 관련된 다양한 문제들은 평화와 안보 문제로 다가온다.

우리는 기후환경 문제를 심각하게 받아들이고 이에 대한 대응책을 마련해야 한다. 이를 통해 우리는 평화와 안보를 보장할 수 있으며, 모든 인류가 안전하고 지속할 수 있는 미래를 가질 수 있다.

> *"평화는 권력과 힘으로 이루어지는 것이 아니라,
> 이해와 협력으로 이루어진다."*
> *- 미셸 오바마*

　세계평화는 인류의 영원한 꿈 중 하나이다. 그러나 현실은 항상 그렇지 않다. 세계는 여전히 전쟁, 갈등, 폭력과 불평등으로 시달리고 있다. 우리는 세계평화를 위한 도전과 기회를 끊임없이 탐색해야 한다.

　국제사회는 갈등과 분열을 해소하기 위해 지속적인 대화와 협력이 필요하다. 국가 간의 갈등을 해결하기 위해서는 대화와 협력을 통해 공동의 이익을 찾아가는 것이 필수적이다. 또한, 국제기구와 협력하여 세계적 문제를 해결하는 데 주도적 역할을 해야 한다. 국제사회는 기후변화, 난민 문제, 전쟁과 평화, 인권 문제 등 다양한 문제에 대해 대처해야 하며, 이를 위해 국제기구와 국제 협력 체제를 발전시켜 나가야 한다.

　개인은 세계적 문제에 대한 인식과 교육을 받아야 한다. 인간의 삶과 생존에 영향을 미치는 문제들은 단순히 국가나 정치인들만의 문제가 아니다. 우리 모두 공감하고 참여해야 하는 문제이다. 이를 위해 개인은 세계적 문제에 대한 지식을 습득하고, 본인의 역할과 책임을 인식해야 한다. 또한, 소통과 협력을 통해 세계적 문제에 대한 해결책을 모색하는 데 이바지할 수 있다.

국제사회와 개인은 평화와 화해를 실현하기 위해 자신의 문화와 역사를 존중해야 한다. 다양한 문화와 역사를 존중하고 이를 이해하는 것은 각자의 문화적 가치를 인식하고 다양성을 존중하는 데 큰 역할을 하기 때문이다. 또한, 과거의 갈등과 분열에 대한 회고와 화해를 통해 평화적인 세계를 만들어 나가야 한다.

다문화주의는 각기 다른 문화와 인종이 함께 공존하는 것을 지지한다. 이는 갈등을 예방하고 평화를 유지하는 데 큰 역할을 한다. 다문화주의는 서로 다른 문화 간의 이해와 상호존중을 촉진한다.

세계평화는 언제나 우리가 이루어야 할 최종 목표 중 하나이다. 이러한 목표를 달성하기 위해서는 도전적인 상황을 극복하고 기회를 잡아야 한다. 이를 위해 우리는 각기 다른 문화와 인종을 존중하고 국제적인 협력을 강화하는 등의 노력이 매우 중요하다. 평화적인 세상을 만들어 나가는 데 이바지하는 시민으로의 철학과 다양성 존중의 자세가 중요한 상호 연대의 시대에 함께 살고 있다는 사실을 우리는 기억해야 한다.

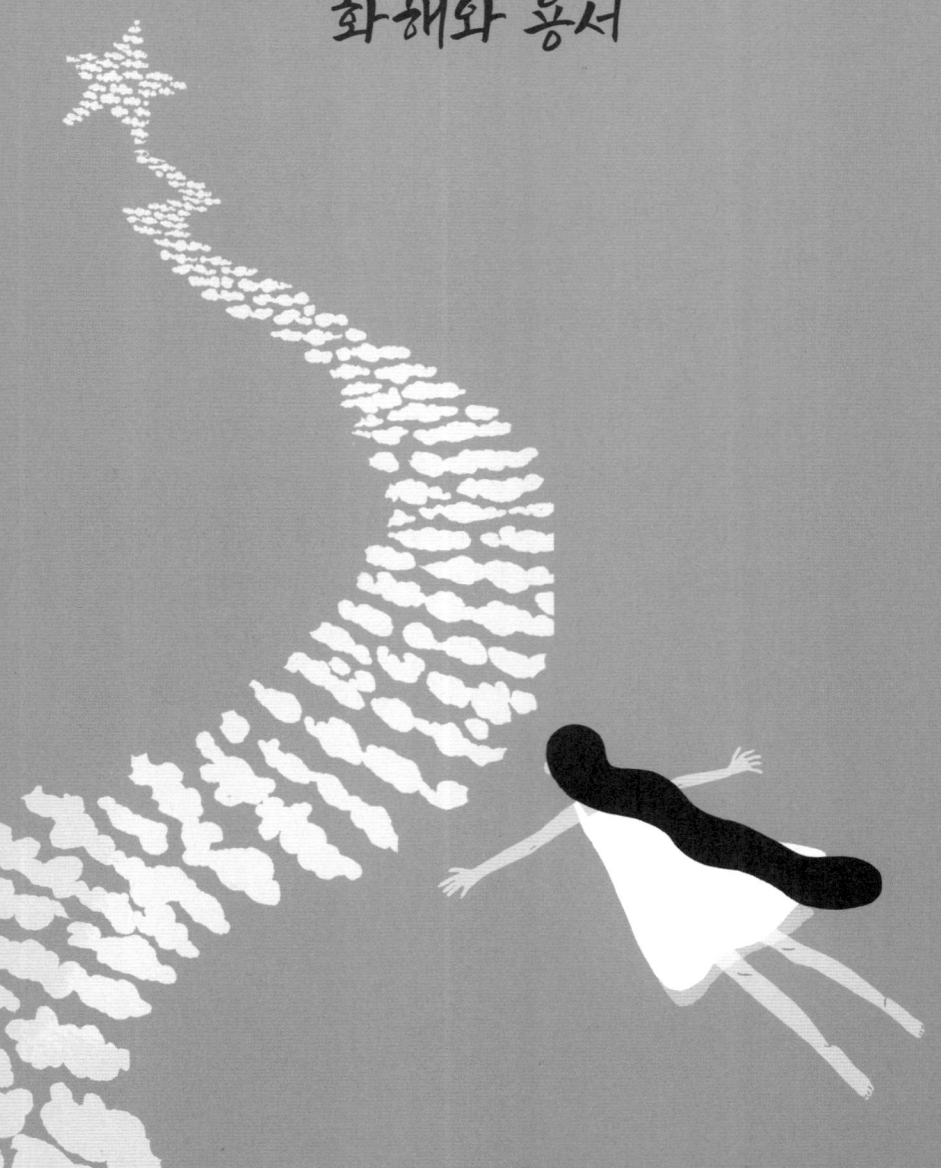

행복으로 가는 길, "화해와 용서"

한숙희

이메일: 1366happyhan@hanmail.net

학력
· 인천박문여자고등학교 졸업
· 서울신학대학교 사회복지학과 졸업
· 이화여자대학교 사회복지대학원 졸업(석사)
· 한국방송통신대학교 관광학과 졸업

경력
· 現) 인천광역시 동구의회 제7대 의원 역임
· 前) 신나는 어린이집 원장/인천광역자활센터 센터장

출간
· 《봉숭아학당에서 다시 피어난 꽃》
· 《지구별 소풍과 귀천》 웰다잉 총서
· 사회적경제 칼럼집 《N.O.W in 사회적경제》
· 《내면의 평화를 위한 화해와 용서》

화해와 용서, 그 끝에서 만나는 사랑

> *기쁨과 아픔의 근원은 관계입니다.*
> *가장 뜨거운 기쁨도 가장 통절한 아픔도*
> *사람으로부터 옵니다.*
> *물건으로부터 오는 것이 아닙니다.*
> *〈신영복, 담론〉*

환갑의 나이가 되어서 지나온 시간을 뒤돌아보니 수월하고 평탄하기만 했던 날은 없었던 것 같다. 늘 어렵고 힘들었지만 쇠는 두들길수록 단단해지고 흙은 불가마에 들어갔다 나와야 도자기가 되는 것처럼 어렵고 힘들었던 시간들을 견디며 살았기에 행복한 오늘이 있다는 것을 알고 있다.

어느덧 무한할 것 같은 시간의 유한함을 알게 되었고 사랑이란 기쁨과 슬픔, 괴로움과 즐거움이 함께한다는 것도 알게 되었다. 코로나가 시작되면서 대상포진을 앓으신 엄마가 요즈음 들어서 부쩍 자주 아프시고 많이 쇠약해지셨다. 외할머니에게는 무남독녀 외동딸로 너무나 귀한 딸이었고 엄마의 힘듦을 덜어 주기 위해 기꺼이 우리와 함께 사시면서 우리를 돌봐 주셨지만 혼자서 외할머니의 임종을 지켜야 했던 엄마는 늘 무거운 짐을 지고 살아서 한 번도 마음 편한 적이 없었다고 하신다.

맏딸은 살림 밑천이라는 말도 있는데 맏딸이면서도 너무나 이기적이어서 엄마의 어려운 형편이나 고단한 삶을 헤아리지 못했다. 어려운 집안 형편으로 대학을 가지 못했고 그 때문에 엄마와 나는 늘 다툼이 많았고 서로에게 상처도 많이 주고 상처도 많이 받았었다. 둘째를 낳고 뒤늦게 마흔 살이 다 되어서 야간대학에 입학을 해서 졸업하고 대학원을 다니는 동안 엄마는 아이들을 돌봐 주시면서 내 부족함을 대신해서 다 채워 주셨다.

엄마도 나도 지나올 때는 가시밭길처럼 험난하게 느껴졌던 지난날들이 지나온 후에 뒤돌아보니 아름다운 꽃길로 변해 있어 얼마나 감사한지 모른다. 내가 이제 환갑이 지나니 조금씩 철이 드는지 엄마의 고단한 삶도 이해가 되기 시작한다. 엄마가 조금만 더 건강하게 조금만 더 오래 우리 곁에 계셔 주시길 바라 본다.

화해와 용서, 그 끝에서 만나게 되는 사랑 앞에는 빛나는 눈물이 있다.

화해와 용서, 행복으로 가는 길

가장 행복한 일들만 생각해,
그건 날개를 다는 것과 같은 거거든
〈제임스 매슈 배리, 피터팬〉

2012년 12월 20일, 대통령 선거일. 담도암 투병을 하시던 친정아버지가 돌아가신 날이다. 암 투병 중이신 아버지를 지켜보면서도 아버지가 돌아가실 거라는 생각은 하지 못했었다. 처음 부부싸움을 하고 아버지에게 그만 살겠다고 했을 때, "내 딸이 그만 살고 싶으면 그만 살아야지, 억지로 참지 말고 네가 하고 싶은 대로 해라." 하실 만큼 아무 조건 없이 나를 믿어 주셨던 아버지를 떠나보내고 참 많이 힘든 시간을 보냈다.

그렇게 일 년을 보내고 첫 번째 아버지의 기일을 맞이했다. 동생 명희가 아프면서 아버지는 뒤늦게 세례를 받으시고 교회도 열심히 다니셨기에 아버지 장례예식을 기독교식으로 했었다. 기독교식의 장례식이 익숙하지 않은 엄마는 아버지 마지막 가는 길에 제사상을 차려 드리지 못해 늘 아쉬워했다. 그동안 아쉬움을 참고 지내셨던 엄마는 아버지 기일에는 제사를 지내고 싶으셨던 것 같다. 나에게 아버지 제사를 어떻게 할 것인지를 묻는 말에서 이미 불편한 심기가 느껴졌다.

아버지가 살아 계실 때는 그리 다투시더니 돌아가시고 안 계시니 아버지 생각이 많이 나시는 것 같았다. 두 분이 다투실 때마다 나는 늘 아버지 편을 들어서인지 아버지 살아 계실 때에도 엄마와 나는 사이가 별로 좋지 않았다. 하지만 이제 아버지도 안 계시고 나에게는 아버지이지만 엄마에게는 남편이기에 엄마에게 더 많은 결정권이 있다는 생각이 들었다. 그리고 무엇보다도 아버지도 돌아가시고 안 계시는데 아버지 제사로 인해 남은 가족들이 불편한 마음으로 다투면서 살 이유가 없다고 생각했기에 아버지 제사를 모시는 것은 모두 엄마의 뜻에 따르기로 했다.

아버지가 돌아가시기 전까지는 아버지와 엄마가 가정의 주축을 이루고 있어서 잘 몰랐다. 아버지가 돌아가시고 맏딸인 나에게 많은 권한과 책임이 주어지면서 가족에 대해 다시 생각하게 되었다.

가족은 공동체의 가장 기본적인 단위로 공동체가 추구하는 가치와 질서 위에 구성원 모두의 유익을 위해 하나가 되어야 함에도 불구하고 흔히 가족 간에 사소한 의견 충돌이나 다툼으로 인해 서로 상처를 주고 다시는 보지 않는 원수지간이 되는 경우를 많이 보아 왔다.

닭장 밖에는 이리 떼가 우글거리는 것 같은 세상에서 닭장 안에서 닭들끼리 다투면서 닭 털을 뽑는 것처럼 어리석은 일은 없을 것이다. 지금은 어떻게 하면 닭장 밖의 이리 떼를 이겨 낼까? 힘을 모아야 할 때라고 생각했다.

 이미 지나간 일은 신도 바꿀 수 없다고 했으니 지나간 상처와 아픔은 화해와 용서를 통해서만 치유될 수 있다는 것을 알게 되었다. 우리가 행복하기 위해서 이미 지나간 일들은 행복한 일만 기억하며 미래는 꿈과 희망으로 설레는 일들은 생각하며 살아야 한다. 과거를 떠나보내면 새로운 길이 보인다.

 화해와 용서, 그 뒤에 행복으로 가는 길이 있습니다.

화해와 용서, 원수를 사랑하라

나는 너희에게 이르노니
너희 원수를 사랑하며
너희를 핍박하는 자를 위하여 기도하라
〈마태복음 5:44〉

원수는 자기나 집안에 해를 입혀 원한이 맺히게 된 사람이나 집단을 말한다. 그렇다면 자신과 아무 상관도 없는 사람이 원수가 되는 일이 있을까? 흔히들 '자식이 웬수'라는 말이 있듯이 가까운 사람들이 원수가 되는 경우가 많다. 가까운 사람들과 원수지간이 되어서 살면 어떨까?

그 사람 생각만 하면 자다가도 벌떡 일어나게 되고 가만히 있어도 마음속에서부터 화가 일어나는 경험이 있을 것이다. 나도 그런 경험이 많이 있다. 그런데 어느 날 문득 냉정하게 원인을 분석해 보니 스스로 원인을 제공한 것들이 많이 있었다. 벌써 30년이 다 되어 가는 아주 오래전 일이다. 가까운 지인에게 적지 않은 돈을 빌려주었는데 갚겠다고 약속한 날이 지나자 전화를 받지도 않고 문자를 보내도 답장이 없고 연락도 되지를 않았다. 배신감에 너무너무 화가 났지만 돈 잃고 사람까지 잃게 된다는 옛말이 생각났다.

그 사람이 강도짓을 해서 내게서 돈을 빼앗아 간 것이 아니고 내가 그 사람을 믿고 대출을 받아서 송금수수료까지 부담하면서 돈을 보내 주었다. 내가 믿고 돈을 빌려준 사람인데 돈이 있으면 왜 돈을 갚지 않겠는가. 돈이 없으니 갚지 못하겠지. 돈은 약속한 때에 돌려받지 못했지만 돈으로 인해 사람까지 잃고 싶지 않아서 언제든지 여유가 되면 갚아 달라고 했다. 그리고 3년 동안 적금을 부어서 대출금을 상환했다.

뒤늦게 야간대학을 졸업하고 대학원에 입학했을 때 SNS로 소식을 알게 되었다고 하면서 빌린 돈과는 상관없이 뒤늦게 입학한 대학원 입학을 축하하는 마음으로 보내는 돈이니 받아 달라고 하면서 대학원 입학금을 보내왔다. 그 뒤에도 가끔 연락을 하면서 지내고 있다. 지금도 그 돈을 받지는 못했지만 오래된 친구 한 명을 얻는 데 들어간 비용이라고 생각하니 마음이 훨씬 편해졌다.

그 뒤 개인적으로 아는 사람끼리 돈을 빌리거나 빌려주는 일은 하지 않게 되었고 그 일로 큰 교훈을 얻었으니 오히려 감사한 일이다. 어떤 일이든 마음이 상하고 관계가 깨어지는 일이 생기면 원인을 잘 분석해 보고 자기 안에서 문제의 원인을 찾아보기를 바란다. 자기에게서 문제를 찾으면 오히려 답을 찾기가 쉬울 수 있기 때문이다. 그런 과정을 통해서 마음의 크기를 키워 가게 된다.

인생에서 가장 소중한 것을 묻는 어느 설문 조사에서 다른 나라는

'가족'이 1위인데 한국은 '물질적 풍요'가 1위로 가족보다 우선순위였다고 한다. 너무 짧은 시간에 경제적 성장을 이루었고 그 과정에서 많은 것들이 변하고 바뀌면서 변해서는 안 되는 중요한 가치들까지도 변해 버린 것 같다.

가족이나 친구나 가까운 사람들과의 관계를 유지하는 데 돈보다 사람이 더 중요하고 돈보다 사람이 우선되어야 하기에 돈으로 인해서 관계가 깨어지고 원수가 되는 일은 없어야 할 것이다.

화해와 용서, 마음 크기를 키우면 사랑하게 됩니다.

화해와 용서, 상처를 꽃으로

상처를 내 것이 아니라고 치부한다면
상처는 썩어서 사람들 사이에 고약한 냄새를 풍기리라.
하지만 그 상처가 내 것이려니 하고 끌어안는 순간,
상처는 꽃으로 피어나 향기를 퍼뜨리게 된다.
〈전미정, 상처가 꽃이 되는 순서〉

누구나 삶 속에서 타인으로부터 상처를 받기도 하고 타인에게 상처를 주기도 하면서 살게 된다. 그러나 우리는 흔히 자신이 타인에게 받은 상처는 뚜렷하게 기억하면서 자신이 타인에게 주었던 상처는 전혀 기억하지 못하는 경우가 많다. 그래서 관계가 깨어지고 멀어졌을 때 그 원인이 무엇인지, 왜 그런 일이 생기게 되었는지 이유조차 모르고 지내는 경우도 많이 있다.

참 아이러니하게도 가장 가까운 관계인 부부, 부모와 자식, 형제자매 등 가족관계에서 가장 상처를 많이 주고 많이 받게 된다는 것이다. 누군가 용기를 내어 서로 상처를 주고 상처를 받은 일들이 어떤 일들인지, 왜 그런 일이 생기게 되었는지 이야기할 기회를 마련해서 솔직하고 허심탄회하게 털어놓을 수만 있어도 가족관계가 돌이킬 수 없도록 깨어지는 일은 없을지도 모른다.

상처를 들추어내면 서로가 아프니까 그냥 덮어 두고 마치 아무 일도 없는 것처럼 지내게 되는데 치유되지 않은 상처는 언제고 다시 아프고 반복되는 아픔은 슬픔이 되기도 하고 분노가 되기도 해서 자신을 상하게 하고 타인을 해치게 되기도 한다.

하지만 타인이 자신에게 준 상처를 받아들이고 자신이 타인에게 준 상처도 인지하면서 서로의 상처를 털어놓고 어루만져 주는 과정을 갖는다면 상처는 자연스럽게 치유되게 될 것이며 상처는 더 이상 드러내고 싶지 않은 흉터가 아니라 저마다의 향기를 가진 아름다운 꽃으로 피어날 것이다.

화해와 용서, 상처가 꽃으로 피어나는 과정입니다.

화해와 용서, 내면 아이를 만나다.

*어린 시절의 상처는
마치 불 속으로 뛰어드는 나방처럼
자신의 인생을 파괴적으로 이끄는 경향이 있다.
〈최광현, 가족의 두 얼굴〉*

어린 시절 불행했던 아이가 자라서 역시 불행한 성인이 되는 부메랑 현상에 처음 주목한 사람이 정신분석의 아버지 프로이트이다. 그는 우리가 자신도 모르게 어린 시절의 패턴을 반복한다는 사실을 발견하였다. "왜 우리는 자기 파괴적 행동, 불행한 인간관계, 고통스러운 가족관계를 반복하는가?"

프로이트는 이 질문에 천착했다. 어린 시절의 고통을 반복하는 반복 강박을 가진 사람은 어린 시절의 경험을 무의식적으로 반복하게 된다.

대인관계의 어려움, 배우자 선택의 혼란, 만성적인 부부 갈등, 가정폭력, 아동학대, 만성적인 가난 등 불행한 삶을 살아가는 사람들에게는 공통점이 있다. 그것은 바로 어린 시절의 상처에서 자유롭지 못하다는 점이다.

어린 시절 상처받은 영혼이 불행을 반복하는 삶의 딜레마를 어떻게 풀 수 있을까? 불행의 반복성은 오랫동안 무의식적으로 유지되는 행동 패턴이다. 이러한 반복성은 우리 내면에 깊이 배어 있어서 마치 중독 상태처럼 바꾸기 어렵다. 불행의 패턴을 똑바로 바라보는 용기가 그 출발점이다. 직면의 대상은 어린 시절의 상처이다. 자신 안에 존재하는 상처받은 내면의 아이를 고찰하며 자기 공감의 경험을 가져야 한다. 상처와 불행의 치료는 오직 직면을 통해서만 이루어진다.

우리 안에는 오랜 고통을 반복하는 과거의 상처받은 내면 아이가 있다. 어린 시절의 탐색 작업을 통해 어린 시절의 나와 연결되었다면 이 내면 아이와 대화를 해 보자. 내면 아이는 과거의 상처에 압도당했고 고통스러운 행동을 반복하게 하는 자아이다. 이 상처받은 내면 아이가 불행의 반복성에서 벗어나도록 말을 걸어야 한다. 성인이 된 내가 묻고 과거의 상처받은 아이가 대답을 한다. 이런 과정을 통해 성인은 아이의 상처를 어루만져 주고 해결되지 못한 욕구와 감정을 있는 그대로 공감하게 된다.

지나간 과거는 돌이킬 수 없다. 어린 시절 받은 상처와 아픔은 돌이킬 수 없는 현실이다. 상처를 부인하거나 억지로 만회하려 하기 이전에 우선 내면 아이와의 대화를 통해 상처받은 자신을 수용하고 자신의 모습 그 자체를 긍정하는 것이 중요하다. 과거의 불행을 해결하려 무의식중에 헛되이 애를 쓰면서 현재의 삶까지 불행에 빠지고 마는 쳇바퀴를 벗어나는 길은 여기서부터 시작된다.

화해와 용서, 과거의 상처받은 내면 아이를 어른으로 성장시켜 줍니다.

화해와 용서, 분노와 미움을 떠나보내다

*용서하라는 것이
그를 사랑하라는 뜻은 아니다.
〈김혜남, 어른으로 산다는 것〉*

우리는 자신이 한 잘못보다는 다른 사람들이 자신에게 한 잘못을 더 예민하게 느끼고 오래 기억한다. 감정은 상당히 자기중심적이고 만족을 모르며, 모든 것을 자기 위주로 받아들이려 하기 때문이다.

우리의 감정은 특히 안 좋았던 일에 대한 기억력이 뛰어나다. 살아오면서 경험한 수많은 일들 가운데 행복하고 좋았던 일은 당연한 듯 잊어 먹고, 상처나 모욕을 받았던 일을 두고두고 기억하면서 마치 30분 전에 일어난 일처럼 분노와 수치심을 느끼며 생생하게 반응한다.

분노나 화는 자신을 보호하려는 감정이다. 하지만 심한 분노에 사로잡히면 끝없이 되풀이되는 과거의 기억과 감정 때문에 더 이상 앞으로 나아가지 못한다. 그저 손상된 자존심을 회복하고 자신이 받은 상처를 되갚아 주려는 마음이 앞서서 정말 중요한 것들을 잃게 된다. 분노에 휩싸인 사람에게는 현재와 미래는 없고 오직 상처 입었던 과거만 있을 뿐이다.

우리는 자존심에 상처 입을 때 분노한다. 또 신체적으로 물질적으로 부당한 손상을 입을 때, 불공평하다고 느낄 때, 무엇보다도 절실히 원하는 것을 얻지 못했을 때 분노한다. 그렇기에 분노는 어디에나 있다. 삶은 상실과 결핍과 부재를 빼놓고 얘기할 수 없으며 세상은 이기적인 사람들이 모여 사는 곳이고, 삶은 공평하지 않은 경우가 더 많기 때문이다.

누구를 미워하게 되면 웃음을 잃게 되고 식욕마저 떨어지고 불면증에 시달리게 된다. 그 사람에 대한 미움 때문에 자신을 파괴하게 되는 것이다. 결국 용서란 바로 자신을 위해서 하는 것이다. 그렇기에 용서를 했다고 해서 미워하는 사람을 사랑하게 되는 것은 아니다. 용서는 결국 상대도 나와 똑같이 잘못을 저지를 수 있는 인간이라는 것을 인정하는 것이다. 그래서 내 마음속에 미움의 찌꺼기가 남을지라도 나의 정신적인 에너지를 나의 행복을 위해서 사용할 수 있도록 만드는 것이다.

용서란 내 마음에서 분노와 미움을 떠나보내는 작업이다. 그래서 내 마음이 다시 고요를 되찾아 더 이상 과거에 얽매이지 않고 현재와 미래를 바라보며 떠날 수 있게 하는 작업이다. 그러므로 용서는 바로 나 자신을 위한 행위다. 나 자신을 물론 나에게 고통을 주었던 상대까지도 서로를 파괴하는 원한과 분노로부터 풀려날 수 있게 하는 것이다. 또 용서란 자신과 상대에 대해 품고 있던 이상을 접고, 현실 그대로의 모습을 인정하고 받아들이는 작업이다. 서로가 더 이상 상처를 주고받지 않도록 조심하면서, 서로의 한계를 받아들이는 작업이다.

그러나 용서를 할 수 있으려면 내가 내 마음과 행동의 주체가 되어야 한다. 비록 지나간 일은 내 의지와 상관없이 일어났고, 나는 어쩔 수 없는 피해자였을지라도, 어른이 된 지금 내게 벌어지고 있는 일들은 모두 나의 일임을 인정하는 것이다. 이는 자신이 느끼고 행동한 것에 따른 결과를 기꺼이 떠맡는다는 것이며, 자신의 생각이나 느낌, 행동들이 자신의 일부임을 인정하는 것이다.

이러한 용서는 다른 사람을 향해서만 베푸는 것은 아니다. 우리는 우리 자신도 용서할 수 있어야 한다.

용서와 화해, 내 마음에서 분노와 미움을 떠나보내는 작업입니다.

화해와 용서, 모든 것이 축복으로 변하다

> 용서와 이해 그리고 관용을 택하는 것은
> 당신의 인생에서 매우 중요한 갈림길이 될 것이다.
> 만약 당신이 용서와 이해를 하기로 결심한다면
> 온 우주가 당신의 편이 되어 줄 것이다.
> 〈오제은, 자기사랑노트〉

과거에 상처받은 일들로 인해 마음속에 분노와 원망, 미움이 가득 차 있으면 즐거움과 기쁨, 감사의 자리가 없어지게 된다. 과거는 이미 지나간 일이고 그림자에 불과하다. 그런데 그림자를 보고 두려워하며 그림자에 사로잡혀 끌려다닌다면 그림자의 포로로 살 수밖에 없다.

행복하게 살고 싶은데 행복하지가 않을 때는 그 이유를 찾아보아야 한다. 무엇이 행복한 인생에 장애물이 되고 있는지를 알아야만 그 장애물을 제거할 수 있기 때문이다. 불행하다고 느끼게 하는 요인을 찾아서 제거하지 않으면 불행이 삶의 발목을 붙잡게 되고 불행이 삶의 동반자가 되어 버린다.

삶이 행복하지 않고 불행하게 느껴지는 원인을 찾았다면 누가 잘못을 했고 누가 잘했는지 서로의 잘잘못을 가리려고 하지 말아야 한다.

지나간 사건을 해결하려고 하면 할수록 더욱 복잡하게 될 뿐이다. 주목해야 할 것은 그 일, 혹은 그 사람을 아직도 미워하고 원망하고 있으며 용서하지 못함으로 인해서 자신의 엄청난 양의 에너지가 갇히고 막혀서 새로운 경험과 인간관계를 차단시키고 있다는 것이다.

화해와 용서, 그리고 이해만이 우리에게 치유의 문을 열어 준다. 용서와 이해는 해도 좋고 안 해도 좋은 일이 아니다. 그것은 선택의 여지가 없는 일이다. 행복하기를 원한다면 반드시 해야만 하는 일인 것이다.

도저히 받아들일 수 없고 용서할 수 없는 일이지만 용서하기로 결심한 순간 내면 깊은 곳으로부터 편안함을 느끼게 된다. 과거의 모든 고통의 기억에서 벗어나게 될 것이며 지금 이 순간이 중요하다는 것을 깨닫게 된다. 이제부터는 과거가 아닌 현재가 기쁜가, 행복한가에 집중할 수 있게 된다.

그러면 마음속에 가득 차 있던 분노와 원망, 미움이 어느 순간 다 녹아내리고 그 자리에 기쁨과 희망이 생겨나고, 답답하던 마음이 탁 트이는 것을 경험하게 된다. 그 과정에서 때로는 소리 없이 눈물이 흐르기도 하고 조용한 미소가 머금어지기도 하면서 이내 가슴이 평온해지는 것을 느끼게 된다. 어느 순간 지금까지 이해할 수 없었던 일들이 거짓말처럼 이해가 되고 용서하는 마음이 흘러넘치게 된다.

이런 과정을 거치면 머리가 맑아지며 표정과 말투, 행동에 변화가 생기기 시작할 것이다. 삶이 비로소 축복으로 변하게 된 것이다. 설령 내가 이해할 수 없는 고통과 아픔이 반복된다 하더라도 모든 만남, 모든 관계, 모든 경험이 삶을 완성시켜 가는 과정이라는 것을 깨닫게 된다. 모든 것이 축복임을 깨닫게 된다면 앞으로 삶은 축복된 일들이 더욱더 많아질 것이다.

화해와 용서, 삶 속에서 겪는 모든 일을 축복이 됩니다.

작가별 에필로그

임정희

심리상담사로서 내담자를 만나다 보면 용서와 화해를 하지 못하고 모든 말과 행동, 감정을 억누르고 참고 살다, 어느 순간 독이 되어 자신의 일생을 망치는 사람을 종종 만난다. 즉 마음의 병이 육신의 병이 되어 인지적, 심리적, 육체적으로 고통을 받다 후회로 인생을 마무리한다. 용서와 화해는 연민의 행위, 무엇보다도 해방의 행위이자 하는 사람과 받는 사람 모두를 위한 것이다. 본 도서를 통해 부디 독자들의 "내적 평화"와 "인생의 봄"을 다시 찾아 진정한 집으로 돌아가기를 바란다.

남궁청완

화해와 용서는 누구를 위한 걸까? 결국 나를 위한 선택이다.

사람이 살아가다 보면 여러 가지 일을 당하게 된다. 사람은 과거에 일어난 큰 실수나 잘못에 대해서 어떤 생각을 갖느냐에 따라서 자신의 삶이 달라진다. 우리는 지난 실수를 되돌아보며 '그때 그렇지 않았어야 했는데.'라며 후회하며 가슴 아파할 때가 많다. 하지만 지난 일을 생각하면 할수록 마음만 아프고 우울해질 뿐이다. "사기과이물사(事己過而勿思)"

이계선

　50의 나이와 20년 직장생활을 훌쩍 뛰어넘었어도 직장 내 관계의 갈등으로 고통에 휩싸인 친구! 너의 이야기를 써 내려가면서 나를 보았다. 상대와의 과거, 그리고 나와의 미래 사이에서 행복을 위한 중재가 필요했다. '내려놓음으로 나를 용서하는 것'이었다. 그로 인해 하루하루가 눈물 나도록 행복한 순간들의 연속이다. 나는 바란다. 이 글이 치열하게 인생 레이스를 달리는 중년들에게 '내려놓음'의 의미를 다시 생각하고, '행복한 당신'을 향한 발돋움이 되기를.

정창교

　글쓰기만으로 상처가 치유될 수 있다. 누가 알까 봐 두려워하는 이야기가 자신을 드러내는 용기를 냈을 때 빛을 발한다. 상면의 분노를 꺼내지 않으면 죽을 때까지 내 안에서 나를 괴롭히기 때문에 글을 통해 그 상처들을 하나씩 꺼내야 한다. 그 과정에서 분노가 치유되는 기적을 체험할 수 있다.

　어머니는 작고하기 전에 아들이 교회를 세우는 일을 알고 교회 생활을 즐겨 하셨다. 지금은 곁에 없는 부모님들이 보고 싶다. 자신을 던져 누구보다 자식 잘되는 것을 원하셨다. 자녀들에게 동안(童顔)을 선물로 주고 간 덕택에 60세가 됐는데도 아직 잔주름이 없는 얼굴을 소유하고 있다. 두 분 덕분이다. 이런 감정 어휘를 사용하기까지 많은 시간이 필요했다.

임광숙

이번 책 쓰기를 통해 내 삶과 나를 형성한 경험들을 돌아보며 이해와 용서가 내 인생 여정에 중요한 계기가 되었음을 깨달았다. 과거를 놓아주고 현재를 긍정적 시각으로 재해석할 수 있는 신념을 갖게 되었고, 새로운 에너지와 다짐으로 미래로 나아가는 문을 당당하고 활기차게 열 수 있게 된 것에 감사하다. 독자들도 화해와 용서로 당당한 미래가 펼쳐지기를….

김남선

오늘 하루 영롱한 아침 이슬처럼 행복한 하루! 보람되고 삶의 질이 높아지는 시간으로 나를 돌보고 나를 보듬고 나를 사랑하며 여유 있는 시간을 보내면서 편안함이 있는 하루 되세요. 침묵은 금이라고 시간이 약이라고 말들 하지만 늘 즐겁고 행복하게 새로운 것에 도전하고 개발하는 부지런한 삶을 응원합니다. 검은 머리가 파뿌리가 될 때까지 살자고 약속하고 살아왔는데 머리에 하얀 눈이 내리는 나이가 되고 보니 염색하면서 계속 잘 살아가자 하네요. 인생은 미완성, 그래도 우리는 가는 세월 잡을 수가 없기에 흘러가는 시냇물을 막을 수가 없기에 우리들의 마음만은 영원하기를….

조순규

　지난 20여 년 동안 많은 아이들과 많은 부모를 만났다. 많은 부모들이 자신들이 내고 있는 화로 인해서 괴로워하고 있었다. 그리고 그 부모의 아이들 역시 같은 이유는 아니지만 부모의 화로 인해서 괴로워하고 있었다. 화를 다스리고 화를 잘(well) 내기 위해서 전제되어야 하는 조건이 있다. 그것이 바로 나를 용서하고 나를 있는 그대로의 모습으로 인정하는 것이다. 이 점을 강조하고 싶었다. 화를 다스리는 방법은 매우 다양하다. 그렇지만 진정 화를 다스리기 위해서는 진정한 나를 만나야 하고 만난 나를 용서하고 인정해야 한다. 우리 모두 그렇게 되었으면 좋겠다.

이우자

　화가 날 때는 이 감정이 영원할 것 같지만, 결코 그렇지 않다는 것을 우리는 잘 알고 있다. 용서와 화해를 위해 상대의 입장이 되기도 하고 이해하려는 마음을 가져야 한다. 건강한 분노를 많이 느끼다 보면, 내게 상처 주는 부정적 분노는 자연스레 줄어들게 된다. 마음 그릇이 한 층 커지기 때문이다. 대다수가 갈등에서 빚어진 관계 악화로 인해 용서를 못 하는 것 같다. 분노는 어떤 점에서 마음의 불이라 할 수 있지만 이 불이 너무 거세면 자신을 태워 버린다. 용서와 화해의 중심에서 모든 이들이 행복했으면 좋겠다. 누워서 간간이 쓰고 있는 이 글이야말로 내 생애 잊지 못할 인내와 희망의 시간으로 남을 것이다.

서민경

　세계평화와 화해는 우리가 살아가는 지구상에서 오랫동안 해결되지 않고 계속해서 발생하고 있는 매우 중요한 문제이다. 개인적인 노력과 국제사회에서의 협력이 세계평화에 얼마나 중요한 역할을 하는지 이해하고 관심과 노력을 지속해서 함께 기울여 나가길 기대한다.

한숙희

　늘 어렵고 힘들었지만 쇠는 두들길수록 단단해지고 흙은 불가마에 들어갔다 나와야 도자기가 되는 것처럼 어렵고 힘들었던 시간들을 견디며 살았기에 오늘이 있다는 것을 알았습니다.

　이제 무한할 것 같은 시간의 유한함을 알게 되었고 사랑이란 기쁨과 슬픔, 즐거움과 괴로움이 함께 한다는 것도 알게 되었습니다.

　화해와 용서 그 끝에서 만나게 되는 사랑 앞에는 빛나는 눈물이 있습니다. 골진 아픔이 있으시다면 화해와 용서하세요. 당신을 응원합니다.